JN054869

国際民事手続法

嶋 拓哉・高杉 直［編］

勁草書房

はしがき

　この10年ほどの間に、抵触法の領域では特に、国際民事手続法に関連する立法化が急速に進展している。従前より長らく、わが国では、国際裁判管轄の判断は裁判法理や条理・学説に基づいて行われてきたが、平成23年には民事訴訟法および民事保全法に、同30年には人事訴訟法および家事事件手続法に、それぞれ国際裁判管轄等に関する明文規定が新設された。そのほかにも、平成21年には主権免除に関する法律が制定されたほか、同25年には、国際的な子の奪取の民事上の側面に関する条約の締結に伴い、同条約を実施するための国内法が整備されている。さらに現在、国際的な調停による和解合意に関する国際連合条約の発効等をにらんで、仲裁法制の見直しおよび調停による和解合意の執行等について、法制審議会で検討が鋭意積み重ねられており、更なる法整備の進展が期待される。また裁判実務では、これら一連の立法に連動するかのように、近時、国際裁判管轄や外国判決の承認・執行に止まらず、国際民事手続法に関する幅広い論点を取扱う事例が趨勢として目立つようになってきた。裁判例の蓄積は膨大な数に達しており、国際民事手続法の全体像を理解するうえで、これら裁判例を整理し、明文規定との関係においてその位置付けを明らかにしておくことが必要とされている。

　こうした中で、本書の刊行を企画したのは、上記のような立法や裁判例に関する新たな情報を織り込んだうえで、学部、法科大学院の学生に対して、国際民事手続法の基本事項に関する知識・知見を提供することが必要であると考えたからに他ならない。国際民事手

続法の範疇に属する論点は多岐にわたるが、厳しい時間的制約の中で、授業内においてこれら論点総てについて詳細な説明を加えることは難しい。また国際民事手続法の領域には抽象的、観念的な論点も少なくなく、とおり一辺倒の説明では十分な理解が得られないことも、しばしばである。そこで、本書では、豊富な【設例】を用い具体的な事案に即して各論点に解説を加えることにより、「抽象的、観念的な議論を理解するに当たって読者が具体的なイメージを持ちやすいように」との工夫を行った。本書を通読いただければお分かりになると思うが、常に具体的な事案を念頭に置いた丁寧な解説が展開されているはずである。本書の執筆者は総勢7人に上るが、いずれも解説を行うに当たっては、読者による独習であっても、各論点に関する基本事項を手触り感を持って理解できるように、できる限り分かりやすく、客観的な記述を心がけている。

　もっとも、このことは本書が専ら初級者向けであることを意味しない。本書は国際民事手続法にはじめて触れる初級者から、ひと通りの学習を終えた学部学生や、司法試験の選択科目として国際関係法（私法系）を選択しようとする法科大学院生まで、幅広い層に活用してもらえるように、企画し執筆したものである。また、大学および法科大学院における授業の教科書としてはもちろん、学生による独習にも対応できるようにも執筆している。国際民事手続法を含む国際私法を履修する学生の数は、憲法、刑法、民法等の基本科目とは異なり限られているが、グローバル化の進展した現代社会においてその重要性は決して看過されるべきものではない。学生をはじめとする読者の皆さんには、本書をきっかけにして、もっと多くの方が国際的な社会問題に眼を向けて、その法律的な解決に想いを巡らせて頂きたいと願うばかりである。

　なお、索引の作成および校正の作業では、同志社大学大学院法学研究科博士後期課程の池田泉氏にご助力を頂いた。もとより内容上の誤りや誤植の責任が編者および執筆者に帰すことはいうまでもない。

　末尾であるが、本書が当初の予定から遅延しつつもなんとか刊行にたどり着くことができたのは、勁草書房の竹田康夫氏の労によるところが大きい。同氏には企画段階から校正・刊行に至るまで、辛抱強く督励のうえ、万事にわたりお力添えを頂いた。心よりお礼を申し上げたい。

　2022 年 2 月

執筆者を代表して

嶋　拓哉

高杉　直

目　　次

凡例

① 法令名の略称

家事法　家事事件手続法

共助法　外国裁判所ノ嘱託ニ因ル共助法

実施規則　民事訴訟手続に関する条約等の実施に伴う民事訴訟手続の特例等に
　　　　関する規則

実施法　民事訴訟手続に関する条約等の実施に伴う民事訴訟手続の特例等に関
　　　　する法律

人訴法　人事訴訟法

法適用通則法　法の適用に関する通則法

民再法　民事再生法

民執法　民事執行法

民訴法　民事訴訟法

民保法　民事保全法

② 条約の略称

送達条約　民事又は商事に関する裁判上及び裁判外の文書の外国における送達
　　　　及び告知に関する条約

日英領事条約　日本国とグレート・ブリテン及び北部アイルランド連合王国と
　　　　の間の領事条約

日米領事条約　日本国とアメリカ合衆国との間の領事条約

ニューヨーク条約　外国仲裁判断の承認及び執行に関する条約

ハーグ子奪取条約　国際的な子の奪取の民事上の側面に関する条約

民訴条約　民事訴訟手続に関する条約

③ 判例集等の略称

民集　　最高裁判所（または大審院）民事判例集事

高民集　　高等裁判所民事判例集

下民集　　下級裁判所民事裁判例集

家月　　家庭裁判月報

判時　　判例時報

判タ　　判例タイムズ

金商　　金融法務事情

Ⅰ　序論

◆ 設例Ⅰ-1-1 ◆

　S国企業であるA社と日本企業であるB社は、A社が製造する電子部品の売買契約を締結した。A社は日本の港湾で電子部品をB社に引き渡すことになっていたが、履行期が到来しても、A社はいっこうにその引渡しに応じようとしない。B社は数度にわたり催促したが、A社はこれを無視するばかりである。B社はこの問題をどのような手続で解決すればよいのだろうか。

◆ 設例Ⅰ-1-2 ◆

　U国在住のW国人Cは、観光でU国を訪れた日本在住の日本人Dと知り合い、その後交際を経て、U国でめでたく婚姻した。しかし、Dは慣れないU国での生活に疲れ、次第にCとの関係もこじれ、喧嘩が絶えない状態になった。Dは堪らず日本の実家に戻り、新たな生活を始めたが、そのなかで新たな恋人Eができ、再婚を考えるようになった。Dは再婚のためにCとの離婚をどのような手続により実現すればよいのだろうか。

1. 国際民事手続法の概要

(1) 意義

　　　　　　　　　　　　　私人（個人、企業）がグローバルな活動を
展開している現在、その活動に伴い、様々な形で法的な紛争が生じ
ることがある。こうした私人が直面する国際的な法的紛争を解決す
るには、どうすればよいのだろう。もちろん、当事者で話し合いを
行い、両者の間に横たわる法的紛争を円満に解決することができれ
ば、それに越したことはない。しかしながら、もし話し合いが決裂
した場合には、当事者はどのような手続に沿って法的紛争の解決を
図ればよいのだろうか。

　この点、私人間の法的紛争が渉外的な要素を含む場合であったと
しても、純粋な内国事案と同じように、各国の裁判所における民事
裁判手続を通じて解決を図るほか道はない。もっとも、渉外事案に
関する訴えが自国の裁判所に提起された場合に、純粋な内国事案と
は異なる手続上の考慮を要するのも、また事実である。そこで各国
は、渉外訴訟やその他渉外的な紛争解決手続（例えば、国際仲裁や
国際調停、国際倒産等）に特有の問題に対応するための法規範を整
備しているが、こうした渉外的な要素を含む法的紛争の解決手続を
定める法規範の体系を「**国際民事手続法**」という（このうち、渉外訴
訟のみを対象とする部分を「**国際民事訴訟法**」という）。「国際民事手
続法」などという呼称を聞くと、読者のなかには、「民事手続に関
する国際条約かしら？」と想像する方もおられるだろうが、お間違
いなく。これは自国の裁判所等が渉外的な法的紛争を取扱うにあた
っての手続法ルールの総称であって、その大半はれっきとした国内
法である。

(2)対象領域

(ア) 国際裁判管轄

　原告がどの国に訴訟を提起するかは原告の判断に委ねられる。例えば、**設例Ⅰ-1-1** における原告（B社）が、地の利を活かしてホーム（日本）で訴訟を提起するのか、執行のことまで考慮に入れてアウェー（S国）で訴訟を提起するのかは、原告の訴訟戦略の問題である。もっとも、B社が日本の裁判所に訴訟を提起したとしても、日本の裁判所がその訴訟について裁判管轄権を行使するか否かは別問題である（このことはS国の裁判所についても同様に当てはまる）。裁判管轄権は立法管轄権、執行管轄権と並んで主権の一態様であり、それを行使するか否かは主権を有する各国が自らの関心や利害に基づいて判断すべき事項である。日本の裁判所も、当然のことながら、原告が提起するすべての渉外訴訟について無条件に自らの裁判管轄権を行使するわけではない。大雑把に言えば、「当事者間の衡平、適正かつ迅速な審理の実現を確保する」という基本的な理念に沿って、日本が裁判管轄権を行使するのが適当か否かという観点から、検討を行うことになっている（これが「**国際裁判管轄**」、厳密に言えば「**国際裁判管轄の内在的制約**」といわれる問題である☞**第Ⅱ章**および**第Ⅲ章**）。**設例Ⅰ-1-1** においてB社が日本の裁判所に訴訟を提起したものの、仮に日本の裁判所が自身の裁判管轄権を行使すべきではないという判断を行えば、B社の訴えは却下される。他方で、自らの裁判管轄権を行使すべきと判断すれば、多くの場合には、本案審理に進み、B社の訴えについて準拠法に基づく実体判断に至るだろう。本案審理に進めるか否かという点で、国際裁判管轄は**本案前審理**において最も重要な事項に位置付けられるのである。

　また、国際裁判管轄に関しては、**裁判権免除**という、いま一つ重要な審査事項がある。仮に**設例Ⅰ-1-1**において、被告であるA社がS国の国営企業であった場合において、B社がA社に対する訴訟を日本の裁判所に提起したとすれば、どうであろうか。国際公法には「外国国家等は、その一定の範囲に属する行為について他の国家等の民事裁判権に服することはない」とする法規範が存在すると考えられているが、裁判管轄権が主権の一態様である以上、その行使にあたっては、この国際公法上の法規範を遵守しなければならない。国家は国際社会における伝統的なアクターであるが、国家自身のみならず、それが運営する組織体（典型的には、**設例Ⅰ-1-1**におけるS国国営企業A社である）をも活用して国際的な活動を展開することがあるほか、その活動内容も軍事・警察領域から商業取引等の営利領域に至るまで広範多岐にわたる。それだけにこれら国家等が渉外訴訟における当事者となり得る機会も少なからず存在するわけだが、はたして、どの主体についていかなる活動範囲に限り裁判管轄権からの免除を認めるべきか、という問題（「**国際裁判管轄の外在的制約**」という問題）が存在する（☞**第Ⅳ章**）。

（イ）その他本案前審理事項

　本案前審理における最重要事項が国際裁判管轄の問題であることは間違いないが、本案前に処理すべき審理事項はそれだけに止まらない。純粋な内国事案と同様に、渉外事案においても、本案前に**当事者適格、当事者能力、訴訟能力**といった問題を取扱うことに変わりないが、そこには渉外事案であることに伴う特別な考慮を要することがある。例えば、**設例Ⅰ-1-1**における被告A社は外国法人であり、**設例Ⅰ-1-2**における被告Cは外国人であるが、仮にいずれの

設例においても日本の裁判所で訴訟が提起されたとすれば、これらの者について、当事者適格等の問題をいかなる法的枠組みに基づいて判断すべきかという問題が生じる。また、わが国の民事訴訟において一般に、当事者能力は実体法上の権利能力の存在を、訴訟能力は同じく行為能力の存在を各々前提とするが、**設例Ⅰ-1-2**において日本の裁判所でＣの当事者能力や訴訟能力が争点とされた場合には、Ｃの権利能力や行為能力の存否を無条件に法廷地たるわが国の実体法に基づいて判断してよいものだろうか。それとも、わが国の国際私法に基づいてＣの権利能力や行為能力に関する準拠法を指定し、その基準に沿って判断すべきであろうか。こうした問題も渉外事案に特有の本案前審理事項である（☞**第Ⅴ章**）。

（ウ）外国判決の承認・執行

　さて、本案前審理から話を別に移そう。**設例Ⅰ-1-2**を例に採ると、Ｄは常にホーム（日本）で訴えを提起する必要はない。あえてアウェー（Ｕ国）で闘うという道もある。あるいはＤは日本の裁判所に訴えを提起したいと考えても、日本の裁判所が当事者の衡平、裁判の適正・迅速を確保するという観点に立って、自らの裁判管轄権の行使を拒否するかもしれない。この場合には、ＤはＣに対する離婚訴訟をＵ国の裁判所に提起するほか道はない。

　では、仮にＵ国裁判所でＤの請求が認められ、ＣＤの離婚が有効に成立したとして、Ｄは日本で新たな恋人Ｅと婚姻することができるのだろうか。Ｄが日本の裁判所にも同じ訴えを提起し、日本でも別途同じく離婚を認容する判決を得ない限り、日本ではＣＤ間の婚姻が継続し、従ってＤはＥと再婚できないという結論を採ることも考えられる。しかしながら、これではＵ国、日本の双方の

5

裁判所で同一の訴訟を行わねばならず、コストが嵩み訴訟経済的に問題があるほか、両国裁判所で異なる判断が示されれば、例えば、U国ではCD間の離婚が成立するものの、日本ではCとDは引き続き夫婦であるというように、国境を跨いでCD間の婚姻関係についての法的評価が異なる結果となり、CDを巡る法律関係が不安定になってしまう（こうした状況を「跛行的法律関係」ということがある）。さらに言えば、日本の裁判所が裁判管轄権の行使を拒否する場合には、U国裁判所においてCD間の離婚が認容されたとしても、日本では未来永劫CD間の婚姻関係が継続することになってしまう。これでは、Dが日本で新たな生活をスタートさせようとしても、八方塞がりの状況に陥ってしまうだろう。

　そこで、日本の国際民事手続法では、上記のような不都合を解消・緩和するために、**外国判決の承認・執行**に関する法制度を設けている（☞**第Ⅶ章**）。この制度では、一定の要件を備えた外国判決の効力（既判力）が自動的に日本国内に及ぶことを認め、加えて日本の裁判所がその外国判決の内容に基づいて日本国内での執行を行うことが可能である。**設例Ⅰ-1-2**に関していえば、DがU国の裁判所に離婚訴訟を提起したとしても、離婚を認めるU国判決が日本の国際民事手続法上の要件を満たしているのであれば、同国判決の効力が自動的に日本国内にも及び、日本国内でもCD間の婚姻関係が解消した状態が実現する。その結果、Dは新たな恋人Eと再婚し、人生の再スタートを切ることが可能になるのである。なお、類似の制度は仲裁手続や倒産手続にも存在する。

(エ)　海外での送達、証拠調べ

　日本の裁判所に訴えが提起されれば、その審理開始にあたり、訴

えが提起されたことを被告に**送達**する必要がある。送達は被告に訴訟の係属を了知させるための正式な通知であり、訴訟手続において重要な位置付けにあるといえる。**設例Ⅰ-1-1**における被告（Ａ社）はＳ国、**設例Ⅰ-1-2**における被告(Ｃ)はＵ国に各々所在するが、日本の裁判所は外国に所在するこれら被告に対して、どのような態様で送達を実施すればよいかが問題になる。純粋な内国訴訟では送達は郵送等による交付送達が原則であるが、外国所在の被告に対しても、同じように外国の住所地に送達書類を郵送すればよいのであろうか。また、日本の裁判所が本案審理の過程で、外国での**証拠調べ**を要する場合があるが、この場合にも同様の問題が生じ得る（☞**第Ⅵ章**）。

こうした問題に対する答えは「No」である。日本の国内法では、外国での送達や証拠調べの特殊性に着目して、これらの手続を外国の所管官庁または同国駐在の日本大使等に嘱託する態様で実施することを定めている。多国間条約や二国間条約でも送達や証拠調べについて別途共助の取決めを設けていることがあるが、対象となる外国との間でこれら条約の適用が予定される場合には、当然に条約が優先適用される。

また逆に、外国の裁判所で訴訟が提起され、それに伴い日本での送達や証拠調べの実施が問題とされる場合もある。例えば、**設例Ⅰ-1-2**の内容を変更して、Ｕ国の裁判所においてＣがＤに対して離婚訴訟を提起するケースを想定してもらいたい。Ｕ国の裁判所としては日本に所在する被告(Ｄ)に対して送達を行い、あるいは日本での証拠調べを実施したいと考えるだろう。こうした場合に、送達や証拠調べは、Ｕ国の国内法もしくは同国が日本との間で締結している条約に基づいて行われるが、とりわけＵ国の国内法による場

合には、必ずしも日本が想定していない態様で送達や証拠調べが実施される事態も起こり得る。米国などは日本に所在する被告に対して、直接郵便で送達を行うのが通常であるほか、証拠調べについても日本国内で証言録取といった手続を日本政府に断りなく実施することがあるが、日本では、米国によるこうした手続の実施態様を違和感をもって捉える向きも多い。わが国の裁判所では、外国判決の承認・執行を審査する過程において、こうした外国による日本国内での送達や証拠調べの実施態様を如何に法的に評価するかが問題になるだろう。

(オ)　訴訟以外の紛争解決手段

　既に説明したとおり、国際民事手続法は「訴訟」に限らず、その他の類型に属する紛争解決手段も対象とする。重要性の高いものとして、例えば仲裁手続、倒産手続等が挙げられるが、本書ではその中でも**仲裁手続**を採り上げる（☞**第Ⅷ章**）。仲裁手続には、実施のためには当事者の合意を要するとか、コストが嵩むといったデメリットがある反面、一審制により迅速な紛争解決が見込まれることや、当事者の判断に基づいて比較的自由に実施ルールをカスタマイズすることができる、といったメリットがある。そのため、特に企業間における規模の大きな法的紛争の解決にあたっては、特定の国の裁判所への訴訟提起よりも、こうした仲裁手続を活用する事案が少なくない（こうした企業間における仲裁手続を**商事仲裁**と呼称することがある）。典型的には、**設例Ⅰ-1-1**において、Ａ社とＢ社が電子部品の売買契約のなかに、この契約に伴う法的紛争の一切をＳ国の仲裁機関に委ねる旨の条項（仲裁合意条項）を設けることがある。仲裁手続の学習にあたっては、国家の裁判管轄権との関係が重要なポ

イントと位置付けられる。とりわけ、当事者の仲裁合意が防訴抗弁として国家の裁判管轄権に及ぼす影響、裁判所による仲裁判断の取消し、および裁判所による仲裁判断の承認・執行等が主要な論点になるだろう。

(カ) 民事的な保全処分

　民事訴訟では、本案での権利実現を保全するために、仮差押えや仮処分（**民事保全**）が求められることがあるが、渉外性を有する民事訴訟においても、然りである。もっとも、本案の国際裁判管轄も民事保全の目的物も、ともに日本に帰属している保証はどこにもない。**設例 I-1-1** を少し変えて、この点を考えてみよう。電子部品の売買契約をめぐって B 社が A 社への売買代金の支払に応じようとしないので、A 社が B 社に対して日本において訴訟を提起しその支払を求めたとする。この場合、B 社は日本企業であるから、本案について日本の国際裁判管轄が認められる（民訴法 3 条の 2 第 3 号）。A 社としては B 社による債務履行に不安があれば、B 社の資産に対して仮差押えを行いたいと考えるだろうが、果たして、A 社は日本の裁判所に対して、S 国国内に所在する B 社の資産について仮差押えを求めることができるのだろうか。国際的な法的紛争を念頭に置けば、民事保全も渉外性を帯びる可能性は十分にあるわけで、日本の裁判所はいかなる条件の下で国際的な文脈で民事保全を命じることができるのか、外国の裁判所が講じた民事保全の内国効力はどうなるのかといった問題が議論されなければならないだろう（☞**第 IX 章**）。

```
(3)広義の国際私法にお
　 ける位置付け
```

準拠法決定ルールを「狭義の国際私法」と

呼称することがある（なお、狭義の国際私法と国際民事手続法を併せて「広義の国際私法」と呼称することがある）。狭義の国際私法、国際民事手続法の相違点は、その適用対象が各々、渉外訴訟特有の実体問題、手続問題であることに求められるが、他方で、日本の裁判所に渉外訴訟が提起された場合には、これらに該当する日本の法規範が連携して、渉外訴訟の処理に必要な枠組みを提供していることも、また事実である（☞図表1）。

　とりわけ手続問題を適用対象とする国際民事手続法については、「手続は法廷地法による」という大原則が妥当する。日本の裁判所に渉外訴訟が提起されれば、その訴訟について、日本が裁判管轄権を有するか否か、原告、被告が当事者適格、当事者能力、訴訟能力等訴訟に必要な資格・能力を有するか否か、といった点が問題になる。また外国の裁判所で民事判決が確定すれば、その判決の効力が日本国内に及ぶのか、といった点が争点になることもある。これらはいずれも手続問題であるため、原則として法廷地である日本の国際民事手続法を適用して判断がなされる。もっとも、渉外訴訟の性質上、

コラム1　「手続は法廷地法による」という大原則

　従前より、「訴訟手続に関する法律問題については、常に法廷地法が適用される」という原則が提唱されてきたが、今日、こうした原則の妥当性を根本から否定する見解は見受けられず、広く受け入れられていると考えられる。この原則の根拠については諸説あるが、訴訟手続の遂行は法廷地国による裁判権の行使という側面を有し、それに関する法規範は公法的性格を帯びること、法廷地国においては訴訟の実体的な内容に拘らず、その手続を画一的に進行すべき実務的要請が強いこと等に求められる。

図表1 国際私法の全体的構造

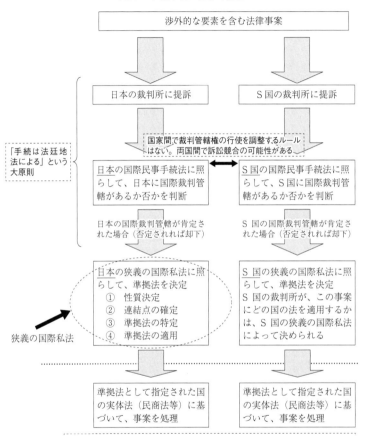

手続問題を検討する過程で外国法を参照する必要が生じることはあるが、それはあくまで日本の国際民事手続法の要請に基づくものである。

2.　国際民事手続法の法源

(1) 国内法

既に記述したとおり、国際民事手続法の大半は国内法から成るが、皆さんのお手許の六法全書を端から端まで探しても、「国際民事手続法」という題目の法律は存在しない。民事手続法を構成する個別の法律のなかに、渉外訴訟に特有の問題を取扱う明文の規定が存在するほか、判例法理（裁判実務の蓄積）、条理・学説が存在する。これらの総称が「国際民事手続法」である。

まず国内法における明文の規定（**国内制定法**）をみていこう。例えば、わが国の民事訴訟一般に関する国際裁判管轄については民訴法3条の2以下が規定するが、人事訴訟の国際裁判管轄については人訴法3条の2以下が、家事に関する非訟事件の国際裁判管轄については家事法3条の2以下が、それぞれ特別法として別途の規定を置いている。したがって、訴訟類型の別に応じて、国際裁判管轄を判断するための根拠をいずれの規定に求めるべきかも、当然に異なってくる。**設例 I-1-2** は離婚訴訟であるから、人訴法2条1号に基づき人事訴訟に該当し、その国際裁判管轄の判断も人訴法に基づいてなされることになる。他方で、**設例 I-1-1** は民事訴訟であるが、特別法の適用対象ではないので、その国際裁判管轄は民訴法に基づき判断すればよいであろう。もちろん国際裁判管轄以外の論点についても、国内法に明文の規定が存在する。例えば、外国判決の

承認・執行については民訴法118条、民執法22条6号、24条、家事法79条の2等、海外での送達・証拠調べについては民訴法108条、184条等が存在する。

　もっとも、国際民事手続法に属する明文の規定の多くは、最近になって制定されたものである。例えば、民訴法3条の2以下は平成23年改正、人訴法および家事法3条の2以下は平成30年改正で各々新設された規定である。それ以前は判例法理や条理・学説によってルールが構築されていたが、これら明文の規定は、そうした従前の判例法理等を踏まえて、新設されたものである。これらの規定を運用するために、どうしてもその解釈論を展開する必要があるが、そのための指針として、従前の**判例法理、条理・学説**を参照せざるを得ない局面は存在するであろう。また、現時点でも明文の規定が置かれず引続き判例法理、条理・学説に判断を委ねている論点も少なくない（例えば、国際訴訟競合時における国際裁判管轄の判断）。そうした論点については、裁判実務の蓄積、学説における議論の動向等が特に重要視されるはずである。

(2) 条約

日本が国際民事手続法に関係する**条約**を批准している場合には、それら条約も法源として機能する。ハーグ国際私法会議で採択された国際民事手続に関係する条約のうち、日本が批准しているのは、民訴条約、送達条約等である。また、国連等の場において成立した国際民事手続に関係する多国間条約のうち、日本が批准しているものとしては、ニューヨーク条約、国家と他の国家の国民との間の投資紛争の解決に関する条約等がある。いずれも発効しており、日本では裁判規範として機能し得るものである。また、これら以外にも、日本は、油による汚染損害についての民事

責任に関する国際条約、国際航空運送についてのある規則の統一に関する条約（モントリオール条約）を批准しているが、これら条約中には国際民事手続に関する条項が存在しており、これら条項も法源として位置付けられる。

　なお、発効こそしていないものの、日本が署名している条約もある。例えば、国及びその財産の裁判権からの免除に関する国際連合条約等である。日本は平成 21 年に、外国等に対する我が国の民事裁判権に関する法律（対外国民事裁判権法）を制定したが、これは同条約の規定内容を踏まえて策定されたものである。もちろん、効力が生じていない条約を直接の根拠として法的判断を下すことは出来ないが、国内制定法の解釈論を展開する過程で、その基になった条約の制定経緯や立法者目的等を参照することは許容されるであろう。

II 財産法領域の国際裁判管轄

1. 総説

◆ 設例 II-1-1 ◆

　日本企業 A 社は、S 国の企業 B 社との間でコンピュータの売買契約を締結したが、B 社は履行期が到来した後も、売買代金の支払に応じようとしない。そこで A 社は、B 社を被告として、代金支払請求訴訟を日本の裁判所に提起しようと考えている。日本の裁判所は、この訴えについて管轄権を有するか。なお、B 社は、日本の裁判所には管轄権がないと主張している。

(1)本章での検討対象

前述（☞第 I 章 1.(2)(ア)）のとおり、日本の裁判所で裁判を行うためには、日本の裁判所に国際裁判管轄が認められることが必要である。国際裁判管轄の存在は、訴訟要件の 1 つであると解されている。

　国際裁判管轄とは、個別の事件について、どの国の裁判所が審理を行う権限を有するかという問題であり、日本の視点からいえば、日本の裁判所に訴えが提起された場合に、日本の裁判所が当該訴えを審理する権限を有するかどうかという問題である。

このように、訴えを提起された裁判所が、当該訴えを審理するための国際裁判管轄を**直接的国際裁判管轄**（**直接管轄**と略される）という。これに対して、外国判決を承認するための要件としての当該外国の国際裁判管轄を**間接的国際裁判管轄**（**間接管轄**と略される）という。本章（Ⅱ）では、前者の直接管轄を対象とする（間接管轄については☞**第Ⅶ章5.**）。

　国際裁判管轄は、財産法領域における訴訟（財産関係事件）だけでなく、家族法領域における訴訟（家事・人事事件）においても問題となる。本章（Ⅱ）では、民訴法が適用される通常の財産関係事件の国際裁判管轄を対象とする（家事・人事事件の国際裁判管轄については☞**第Ⅲ章**）。

> **(2)民訴法上の国際裁判
> 管轄規定**

　国際裁判管轄（管轄権とも呼ばれる）については、裁判権免除（☞**第Ⅳ章**）などの若干の国際法上の制約があるものの、基本的には各国がその範囲を画定できるものと解されている。日本では、財産関係事件の国際裁判管轄につき、民訴法第1編第2章第1節「日本の裁判所の管轄権（3条の2から3条の12）」に規定が設けられている。したがって、財産関係事件に関して日本の裁判所で審理ができるかどうかという**設例Ⅱ-1-1**のような問題は、民訴法3条の2以下の規定の解釈・適用によって決定されることになる。

　民訴法3条の2以下の規定は、①管轄原因を定める規定（3条の2から3条の8。なお3条の10）、②特別の事情がある場合における訴え却下を定める規定（3条の9）、③管轄に関する証拠調べと標準時に関する規定（3条の11および3条の12）に分類できる。

　日本に国際裁判管轄が認められるためには、①の規定が定める管

轄原因の「いずれか1つ」が日本に存することが認められたうえで、②の規定による特別の事情がないことを確認する必要がある。したがって、個別の事件における日本の国際裁判管轄の有無を決定するためには、まずは、①の規定を順次検討し、管轄原因が日本に認められるか否かを判断することを要する。

(3) 民訴法が定める管轄原因　民訴法が定める国際裁判管轄は、その管轄原因の性質に応じて、次のように分類できる。

　第1に、管轄の根拠の観点から、管轄に関する当事者の合意によって定まる管轄（合意管轄）と法令によって定まる管轄（法定管轄）に分類される。法定管轄は、さらに、公益的要求から他の国の裁判所の管轄を排除して特定の国の裁判所にのみ管轄を認める「専属管轄」（法定専属管轄）と、他の国の裁判所との間での管轄の競合を前提とする「任意管轄」に分けられる。民訴法3条の5は、法定専属管轄とされる事件を規定するものである（☞**第Ⅱ章14.**）。法定専属管轄とされる事件については、合意管轄は認められない（民訴法3条の10を参照）。合意管轄が認められるのは、任意管轄とされる事件についてだけである。

　合意管轄については、民訴法3条の7が規定する（☞**第Ⅱ章12.**）。また、民訴法3条の8の応訴管轄も、当事者の黙示的合意に基づく管轄とみることができよう（☞**第Ⅱ章13.**）。他の国の裁判所の管轄を排除して特定の国の裁判所にのみ管轄を認める管轄合意（専属的管轄合意）も、一定の条件の下で認められる。

　なお、民訴法3条の5によって日本の裁判所の法定専属管轄とされる事件や、当事者の専属的管轄合意によって日本の裁判所の専属管轄が認められる事件については、民訴法3条の9の適用が除外さ

れるため（それぞれ3条の10、3条の9括弧書を参照）、必ず日本での裁判が認められることになる（☞**第Ⅱ章 15.**）。

　第2に、対象とする訴えの範囲の観点から、**原則管轄**（一般管轄）と**特別管轄**に分けられる。原則管轄とは、請求内容や事件類型を問わず、当該被告を相手とする訴えすべてに関する管轄原因を定めるものであり、国内土地管轄における普通裁判籍に相当するものである。民訴法3条の2は、被告に着目して、原則管轄を定めている（☞**第Ⅱ章 2.**）。これに対して、特別管轄とは、特定の請求内容や事件類型に関する管轄原因を定めるもので、国内土地管轄における特別裁判籍に相当するものである。民訴法3条の3は、契約事件や不法行為事件などに関する特別管轄を定めている（☞**第Ⅱ章 3.〜9.**）。また、民訴法3条の4は、弱者である消費者・労働者を保護するために、消費者契約・個別労働関係民事紛争に関する特則を定めている（☞**第Ⅱ章 10.**）。民訴法3条の5の法定専属管轄の規定も、会社の組織に関する訴え、登記または登録に関する訴え、知的財産権の存否または効力に関する訴えについての特別管轄を定めるものである。

　第3に、上記のように、他の事件とは無関係に独立して認められる管轄（独立管轄）のほか、他の事件との関係で認められる管轄（関連管轄）がある。民訴法3条の6の併合管轄や民訴法146条3項の反訴の管轄などが、関連管轄の代表例である（☞**第Ⅱ章 11.**）。

2.　被告本拠地管轄の原則

（1）原則管轄の必要性

　　　　　　　　　　　　　民訴法3条の2は、自然人を被告とする場

合と法人その他の団体を被告とする場合に分けて、原則管轄を定めている。

　民訴法3条の2のような原則管轄規定が必要とされるのは、裁判を受ける権利を保障するためである。仮に原則管轄規定がなく、特別管轄規定しか存在しない世界を想定すれば、国ごとに特別管轄規定の具体的な内容が異なることから、問題とされる訴えがどの国の特別管轄規定にも該当しないという事態も想定できるだろう。そうなれば、被告に対する訴えを提起する裁判所がどの国にも存在しないこととなり、原告の裁判を受ける権利の保障に反する事態も生じ得る。こうした事態が起こらないよう、被告に対して常に訴えを提起することができる裁判所を認める必要がある。これが、原則管轄規定が必要とされる理由である。

> (2) 原則管轄の基礎としての
> 　　被告の本拠地の適格性

被告に対する訴えについて原則管轄を認めるとして、どの裁判所に原則管轄を認めるべきかが問題となる。この問題については、相当な準備をして訴えを提起することのできる原告と、不意に訴えを提起されて応訴を余儀なくされる被告との間の衡平を図る必要があるという観点から、被告の本拠地の裁判所に原則管轄を認めるべきであると考えられる。被告の本拠地は、被告に最も密接な関係を有する地であり、訴訟追行に関して被告にとって最も便宜な地だからである。また、被告の本拠地で訴訟が提起されることは、被告にとって想定できるであろう。さらに、被告の本拠地は、被告の財産が所在するのが通常であるから、判決の実効性という点で原告の利益にも適う。

　他方で、事件と無関係の被告の本拠地に、事件に関連する証拠が所在しているとは限らないことから、適正かつ迅速な審理の実現の

観点から被告の本拠地での裁判が不適切となる例外的な事案も考えられる（☞**第Ⅱ章 1.(4)(ウ)**）。

> **(3)民訴法3条の2の解釈**

民訴法3条の2は、被告の本拠地の原則管轄について、（ア）自然人を被告とする訴え（1項）、（イ）住所地で裁判権免除を享有する日本人を被告とする訴え（2項）、（ウ）法人その他の団体を被告とする訴え（3項）に分けて規定する。

（ア）自然人を被告とする訴え（1項）

民訴法3条の2第1項は、「裁判所は、人に対する訴えについて、その住所が日本国内にあるとき、住所がない場合又は住所が知れない場合にはその居所が日本国内にあるとき、居所がない場合又は居所が知れない場合には訴えの提起前に日本国内に住所を有していたとき（日本国内に最後に住所を有していた後に外国に住所を有していたときを除く。）は、管轄権を有する。」と規定し、人を被告とする訴えについての原則管轄を定める。

「住所」・「居所」（住所等）の概念は国によって異なることから、被告が住所等を有するかどうかを判断する場合に、どの国の法令によるべきかが問題となる。この点について、日本の裁判所の管轄権の及ぶ範囲は、法廷地法である日本法により定められるべき手続的事項であることから、住所等の有無は日本の（国際）民訴法上の住所等の概念に基づいて判断されるべきであると解される。

日本の国際民訴法上、住所とは生活の本拠をいい、居所とは生活の本拠ではないものの多少の時間継続して居住する場所をいうと解される。被告が外国に居住している場合にも、この基準に照らして、その地が生活の本拠といえるかどうかによって住所の有無が判断さ

れることとなる。したがって、被告の生活の本拠（すなわち住所）が日本国内にあれば、日本に国際裁判管轄が認められることになる。これに対して、被告の住所が外国にあると認められる場合には、被告が同時に日本に居所を有するときであっても、日本に国際裁判管轄は認められないことになる。

　住所（居所）がない場合とは、日本国内に住所（居所）がない場合ではなく、世界中いずれにも住所（居所）がない場合をいう。住所（居所）が知れない場合とは、同様に、世界中いずれにも住所（居所）が知れない場合をいう。したがって、いずれかの外国に住所（居所）を有する場合には、日本に国際裁判管轄は認められない。

　被告の住所等が世界中いずれにもない場合には、被告の最後の住所が日本国内にあるときに限り、日本に国際裁判管轄が認められる。ただし、実際上、裁判所が外国における住所の有無も含めて調査をし、日本国内に被告の最後の住所が存在したかどうかを認定することは困難である。したがって、現実問題としては、訴えの提起前に被告が日本国内に住所を有していたと認められるときは、原則として日本の裁判所が管轄権を有するものとしたうえで、被告が日本国内に住所を有していた後、訴えの提起前に外国に住所を有していたと認められる場合には、日本の裁判所は管轄権を有しないものと考えればよいだろう。

（イ）住所地で裁判権免除を享有する日本人を被告とする訴え（2項）

　民訴法3条の2第2項は、「裁判所は、大使、公使その他外国に在ってその国の裁判権からの免除を享有する日本人に対する訴えについて、前項の規定にかかわらず、管轄権を有する。」と規定し、住所地で裁判権免除を享有する日本人を被告とする訴えについての

原則管轄を定める。

　日本から外国に派遣される大使、公使等の外交官やその家族等は、原則として、派遣された国（接受国）の裁判権から免除されるため、これらの者を被告とする訴えを接受国の裁判所に提起することはできない（☞第Ⅳ章）。そこで、原告の裁判を受ける権利の保障の観点から、少なくともいずれかの国で訴えを提起することができるようにする必要がある。民訴法3条の2第2項は、裁判権免除を享有する日本人を被告とする訴えについて、被告の住所が日本国内にあるか否かを問わず、日本に国際裁判管轄が認められる旨を定めるものである。

　問題となるのは、例えば、接受国の裁判権からの免除を享有する日本人の外交官が私用で接受国以外の第三国を旅行中に交通事故を起こした場合である。このような場合には、第三国での訴訟が可能であると考えられることから、その外交官に対する訴えを、日本の裁判所に提起することができるかどうかが問題となる。この点については、民訴法3条の2第2項が原則管轄を定めた規定であることに鑑みれば、当該第三国の裁判所に管轄権が認められる可能性があるとしても、接受国の裁判権から免除されて同国の裁判所に管轄権が認められない以上、日本の裁判所が管轄権を有すると解すべきであろう。

（ウ）法人その他の団体を被告とする訴え（3項）

　民訴法3条の2第3項は、「裁判所は、法人その他の社団又は財団に対する訴えについて、その主たる事務所又は営業所が日本国内にあるとき、事務所若しくは営業所がない場合又はその所在地が知れない場合には代表者その他の主たる業務担当者の住所が日本国内

にあるときは、管轄権を有する。」と規定し、法人その他の団体を被告とする訴えについての原則管轄を定める。

事務所・営業所等の概念も、日本の国際民訴法による。「事務所」とは、非営利法人がその業務を行う場所、「営業所」とは、営利法人がその業務を行う場所を意味し、「代表者その他の主たる業務担当者」とは、法人にあっては代表理事、会社にあっては代表取締役・執行役、法人でない社団または財団にあっては代表者もしくは管理人またはこれらの者に準ずる代表清算人等をいう。

したがって、日本法人を被告とする訴えについては、その主たる事務所・営業所が日本国内にあるため、日本に国際裁判管轄が認められることになる。これに対して、外国法人を被告とする訴えについては、通常、その主たる事務所・営業所が当該外国にあるため、日本の裁判所には原則管轄が認められないことになる。そのため、別途の管轄原因（合意管轄、契約事件の契約債務の履行地、不法行為事件の不法行為地、金銭支払請求事件の被告の差押可能な財産の所在地、被告の日本所在の営業所等の業務に関連する請求など）が日本に認められない限り、日本の裁判所で外国法人を被告とする裁判を行うことはできない。

設例II-1-1 については、被告であるB社がS国の会社であり、その主たる営業所がS国に所在すると考えられる。そのため、民訴法3条の2第3項に基づく管轄原因が日本にないことから、日本の国際裁判管轄は認められないことになろう。したがって、日本で裁判を行うためには、民訴法3条の3などの規定によって日本に国際裁判管轄が認められることを要する。

（4）他の規定との関係

（ア）専属管轄との関係

　民訴法3条の5は、日本の裁判所の法定専属管轄を定める。問題となるのは、本来ならば民訴法3条の2によって日本の裁判所の管轄権が認められる事件であっても、同3条の5の基準を当てはめると外国の裁判所に専属管轄が認められるような場合に、日本の管轄を認めてよいかという点である。例えば、日本企業を被告として、当該日本企業が保有する外国特許権の不存在確認の訴えが日本の裁判所に提起された場合である。この場合、民訴法3条の2によれば、日本の裁判所の管轄権が肯定されるが、同3条の5第3項を当てはめれば、外国特許権の存否に関する訴えについては当該外国の裁判所の専属管轄とされることから、日本での訴えは却下されることになると解される（☞**第II章14.（1）**）。

（イ）合意管轄との関係

　民訴法3条の2は、任意管轄の規定であるから、当事者の合意によって修正することが可能である。したがって、本来ならば民訴法3条の2によって日本の裁判所の管轄権が認められる事件であっても、当事者間の管轄合意があれば、その合意が優先されることになる。例えば、日本の企業を被告とする訴えが日本の裁判所に提起されたが、原告と被告との間には外国裁判所に専属的な管轄権を認める旨の合意（専属的管轄合意）が存在し、当該訴えがこの管轄合意の対象範囲に含まれるものである場合には、同3条の7に基づき、日本での裁判は認められないこととなる（☞**第II章12.**）。

（ウ）「特別の事情」による訴え却下の可能性

　民訴法3条の2は、原告の裁判を受ける権利を保障するために、被告の訴訟追行に最適な地を原則管轄とした規定であることを考慮すると、同条に基づく訴えについては、民訴法3条の9による訴え却下が認められることは想定できないとも考えられる。しかし、民訴法3条の2に基づく訴えについて同3条の9の適用を除外する旨の明文規定が存在しない以上は、民訴法3条の2に基づく訴えについても、同3条の9の適用があると解される。例えば、S国において多数の被害者を含む事故が生じ、当該事故に関連して日本企業C社に対する訴えが日本の裁判所に提起されたものの、原告DはS国に住所を有しており、他のほとんどの被害者がS国の裁判所に訴えを提起し、C社もS国における訴訟の被告とされているような場合には、民訴法3条の9に基づいて日本の管轄権を否定する余地があるだろう。こうした事案では、①S国での訴訟追行が被告に過度の負担を課すことにもならず、かつ、原告の裁判を受ける権利の保障という点でも問題がなく、S国での裁判を求めることが民訴法3条の2の趣旨に反しないほか、②ほとんどの証拠がS国に所在するなど、S国で裁判を行う方がむしろ適正・迅速な審理の実現に適うと考えられるからである（☞**第Ⅱ章15.**）。

3.　債務履行地管轄等

> ◈ **設例Ⅱ-3-1** ◈
>
> 　日本人Ａは、滞在先のＳ国において、Ｂ社の運航するＳ国国内線の航空券を購入し、これに搭乗した。Ｂ社は、Ｓ国法により設立され、同国に本店を有し、日本国内に営業所を有する国際的な航空会社である。Ａの乗った飛行機はＳ国内を移動中に墜落し、Ａは死亡した。日本に居住するＡの日本人妻Ｃは、Ｂに対し、ＡＢ間の運送契約の不履行に基づく損害賠償を請求した。日本の裁判所は、この事件について管轄権を有するか。

　設例Ⅱ-3-1 で、被告Ｂは主たる事務所等を日本国内に有しない。このような場合にも、Ｂが日本において応訴（防御）を強いられるとすれば、このことは、Ｂにとって時に大きな負担となりうる。他方、原告Ｃに対し、いかなる場合にもＢの本店所在地であるＳ国に赴いて訴訟を提起することを要求すれば、Ｃはこの訴訟の提起を断念する可能性もあろう。さらに、Ｂは日本国内に（従たる）営業所を有しているから、Ｂの財産が日本国内にあるかもしれない。この場合にＣが日本で勝訴判決を得れば、直ちにこれを執行することもできるのである。

　このように、たとえ被告の住所等が日本国内にないとしても、事件とわが国との間に合理的な関連性があることを前提に、被告にわが国での応訴を求めることは時に必要と解される。民訴法３条の３各号の規定はそのような規定と捉えることができるのであって、このことは、国内の**特別裁判籍**規定（民訴法５条以下）が特定の事件につきいかなる地を管轄する裁判所に訴えを提起すべきかを定めるの

と、その問題意識において共通する。

　以下では、民訴法3条の3各号が定める事件類型ごとの管轄について説明する。

> **(1) 債務履行地管轄を認める意義**

　契約上の債務がある場合、当事者（債権者・債務者）は履行地で履行を提供し、また受領することを予期しているといえる。そのため、被告がその地で応訴を求められてもそれほど大きな負担とならない。また、そこで判決を得て給付を実現することは原告（債権者）の利益となるし、契約の本旨にも沿う。民訴法3条の3第1号は、①「契約上の債務の履行の請求」（例えば、売買契約で定められた代金の支払や目的物の引渡しを求める場合）、②「契約上の債務に関して行われた事務管理若しくは生じた不当利得に係る請求」（同じく売買契約において、買主の代金不払いにより契約を解除した売主が目的物の返還を求めるような場合）、③「契約上の債務の不履行による損害賠償の請求」（**設例Ⅱ-3-1**のように、旅客運送債務の不履行による損害賠償を請求する場合）、および④「その他契約上の債務に関する請求」を目的とする訴えに限り、「債務の履行地」に国際裁判管轄を認めている。

　民訴法3条の3第1号は、その規定の文言からは必ずしも明確ではないが、原告が被告に対して特定の給付を求めることを目的とした契約事件だけではなく、「契約上の債務に関する請求」を包括的に対象とする契約事件の管轄としての性質を持つ。そのため、債権者が債務者に対して特定の債務の履行を求めるような場合（給付訴訟）はもちろん、債務者が債権者に対して契約関係の存在や債務の不存在の確認を求める場合（確認訴訟）であっても、それが「契約上の債務に関する請求」と評価される限りは、民訴法3条の3第1

号の適用対象となると解すべきである。これを反対からみれば、「契約上の債務に関する請求」であることが前提となるから、契約上の債務とは関連性のない法定債権（不法行為等）に基づく請求、例えば、契約関係にない当事者間の不法行為に基づく損害賠償請求や、契約準備段階における信義則上の注意義務違反に基づく損害賠償請求などは、民訴法3条の3第1号の適用対象から外れるものと解することになる。

　設例Ⅱ-3-1 のような航空機事故においては、CがB社に対し、不法行為に基づく損害賠償請求訴訟を提起することも考えられるところである。とはいえ、このような請求権競合の場合であっても、AB間の契約に基づく義務に違反して不法行為が行われている以上は「契約上の債務に関する請求」に当たると解されるから、民訴法3条の3第1号の適用対象となるとみてよい（なお、不法行為に関する訴えの国際裁判管轄については、☞**第Ⅱ章7.**）。

　いずれにしても、**設例Ⅱ-3-1** は、上記③の典型的な事例であるといえる。ここで問題となる本来の「契約上の債務」は、B社の旅客運送債務である。Cは、この「契約上の債務の不履行による損害賠償の請求」を目的とする訴えを提起していることになるが、これは本来の「契約上の債務」である旅客運送債務の履行と表裏一体の関係にあり、両者には密接な関連性がある。したがって、**設例Ⅱ-3-1** におけるCのB社に対する訴えは、民訴法3条の3第1号の適用対象となると解される。

(2)「契約上の債務」が金銭債務である場合

原告が請求の原因として主張する「契約上の債務」が**金銭債務**である場合には、このような金銭債務の履行地に管轄を認めるべきであろうか。確かに、民訴法3条の3第1号に

は金銭債務を除外する趣旨の文言はなく、金銭債務の履行を求める訴えであっても、当該金銭債務の履行地が日本国内にあるときに同号に基づく管轄を認めるとするのが素直な解釈であり、明文で除外されていない以上、金銭債務であることのみを理由として一律に履行地管轄を否定するのは適切でないと考えられる。そして実際にも、金銭債務につき支払予定口座の所在地が日本国内にあることをもって債務履行地の国際裁判管轄を肯定した例がある（東京地判昭和56・11・27判タ460号118頁参照）。

　しかしながら、これに対しては根強い批判が存在する。特に、支払予定口座の所在地が取引と全く関係のない第三国であるような場合には、その履行地に所在する証拠の価値は、訴訟にとってそれほど重要ではないかもしれない。また、金銭債務の履行地は債権者・債務者いずれか一方の住所地や本拠地であるのが通常であるから、この者が原告であれば、原告住所地の管轄を認めるに等しい結果となって不当であり、反対に被告であれば、被告本拠地管轄の原則を定める民訴法3条の2と異なるところがなく、わざわざ特別なルールを定める必要はないことになる。同様に、当事者が単に管轄を基礎付けるためだけに金銭債務の履行地を合意するようなケースも想定されるが、管轄合意（民訴法3条の7）の方式要件を満たす場合を別として、そのような金銭債務の履行地に、民訴法3条の3第1号に基づく管轄を認めるべき事件との合理的な関連性があるといえるかは疑わしいであろう。

> **(3)「債務の履行地」の決定**

　民訴法3条の3第1号の管轄原因たる「**債務の履行地**」は、原告が請求の原因として主張する**契約上の債務**の履行地を指す。それは、**設例Ⅱ-3-1**のような「契約上の債務の不

II　財産法領域の国際裁判管轄

履行による損害賠償の請求」を目的とする訴えの場合には、本来の
「契約上の債務」である旅客運送債務を基準に履行地を決定するこ
とを意味し、「契約上の債務」から転化した損害賠償債務に着目し
て当該賠償債務の履行地に国際裁判管轄を認めるものではない。な
ぜなら、仮に損害賠償債務の履行地に国際裁判管轄が認められると
すれば、Ｂ社は予測していない地での応訴を強いられる可能性が高
く、またその地は、契約上の債務に関する証拠の所在地としても適
格ではないと考えられるからである。

　また、**双務契約**のように１つの契約から複数の債務が生じる場合
には、「当該債務」、すなわち、個別の訴訟において履行が求められ
る「契約上の債務」に着目して「債務の履行地」を決定することに
なる。例えば、① 売主が買主に対して売買契約に基づく売買代金
の支払を求める場合には、売買代金支払債務の履行地が日本国内に
あるときに、② 売買契約の締結後、引渡しがされる前に、売主が
不注意で目的物を滅失させてしまったので、買主が契約を解除し、
売主に対して売買代金の返還を求める場合には、この代金返還債務
は売買契約上の目的物引渡債務の不履行から転じたものといえるか
ら、目的物引渡債務の履行地が日本国内にあるときに、それぞれ民
訴法３条の３第１号に基づく管轄が認められる。このように、裁判
所はそれぞれの事案に応じて履行が求められる契約上の債務を特定
したうえで、その履行地を決定し、管轄を認めるかどうかを判断し
なければならない。

　双務契約の場合にいずれの債務に着目して履行地を決定するかに
ついては、現在の民訴法３条の３第１号のもとでは、上記のような
取扱いとすることで立法的に解決されている。しかしながらこれに
対しては、１つの契約関係をめぐる紛争をそれぞれの債務毎に分断

する危険があるとして、むしろ、これらの双務契約を特徴付ける債務（**特徴的債務**）の履行地に契約全般に関わる管轄を認めることを提唱する学説も、かつては有力であった。この見解によれば、例えば物の売買に関しては、その物の引渡しがなされたか、またはなされるべき場所を基準として「債務の履行地」を決定し、この場所に、上記①のような反対債務の履行請求をも含めた契約全般に関わる管轄を認めることになる。

コラム2 ▶ 「契約上の債務」の意味

　本文中でも述べたが、例えば双務契約などで1つの契約から複数の債務が生じるような場合に、いかなる「契約上の債務」を基準として「債務の履行地」を決定すべきかが問題となる。これについて、現在の民訴法3条の3第1号の規定の文言に従うと、その訴えにおいて争われている債務を基準として履行地を判断せざるを得ない点は、さきに触れた通りである。

　もっとも、上記のような立法的解決がなされる以前の平成23年改正前民訴法のもとでは、特徴的債務の履行地に契約全般に関わる管轄を認めるべきとする見解も有力に主張されていた（1999年の国際裁判管轄及び外国判決承認・執行に関するハーグ条約準備草案6条や、2012年のブリュッセルⅠ改正規則7条1号も、この立場を採用する）。

　これら特徴的債務を基準とする説によれば、当事者が契約上の複数の債務をめぐって争っているような場合にも、それぞれの債務ごとに紛争を分断する危険はなくなるであろう。また、**金銭債務**の履行を求める訴えにつき金銭債務の履行地に管轄を認めるべきかという問題を論じるにあたっても、契約の特徴的債務の履行地だけに管轄を認める説によれば、一般に特徴的債務は金銭債務の反対債務と

解されるから、原告は、そのような特徴的債務の履行地だけに金銭債務の履行を求める訴えを提起することができるのであって、金銭債務の履行地に管轄が認められることはない、との結論を導くことができよう。

　確かに、契約を特徴付ける債務を特定し、その履行地に契約全般に関する管轄を集中することに対しては、多様な契約につき何をもって特徴的債務とするかが必ずしも明らかでない点や、特徴的債務を負う契約当事者（物の売買における売主を例にすれば、その者が常に弱者となるわけではない）だけが管轄に関して優遇される点が批判されているのも事実である。しかしながらこれに対しては、例えば物の売買におけるその物の引渡しなど、特徴的な給付が明らかな類型の契約に限ってその給付の履行地に管轄を認める立場を採れば、基準としての明確性や当事者の予測可能性を損なうものではない、との反論もなされている。

（4）契約による履行地の　　指定等

　　　　　　民訴法3条の3第1号は、①「契約において定められた」履行地に管轄を認めるほか、②「契約において選択された地の法によれば」当該債務の履行地が日本国内にあるときにも国際裁判管轄を認める。

　①の「契約において定められた」履行地については、当事者が契約において特定の債務の履行地を明示的に定めている場合はもちろん、裁判所が黙示の合意があると認定する場合も、ここに含まれると解される。例えば、特定の動産売買契約において広く用いられる「貿易条件の解釈のための国際規則」（インコタームズ。International Rules for the Interpretation of Trade Terms, Incoterms)」は、物品の引渡地、危険負担の移転場所、運送・保険の手配、および通関手続

などを基準に、FOB、CIF、CFR といった種々の貿易条件を定めているが、このインコタームズを売主および買主が売買契約において援用する場合にも、そこに規定されている売主および買主の権利義務の内容に従い、「債務の履行地」の決定がなされることがある。

◆ 設例II-3-2 ◆

　日本法人Dは、T国在住の日本人Eとの間で、欧州各地からの自動車の買付け等の業務委託を内容とする契約をT国で締結し、そのための資金をE指定のT国内の銀行口座に送金した。

　その後、DはEの預託金の管理に不信感を募らせ、信用状によって自動車代金の決済を行うことをEに提案して預託金の返還を求めたが拒絶された。そこでDは、自らの本店所在地が預託金返還債務の履行地であるとして、Eに対し、預託金残金等の支払を求める訴訟を日本の裁判所に提起した。わが国の裁判所は、この事件について管轄権を有するか。

　次に②の「契約において選択された地の法によれば」の意味について、**設例II-3-2** をもとに考えてみることにしたい。

　民訴法3条の3第1号の「契約において選択された地の法」とは、当事者が契約において選択した**契約準拠法**を指す。準拠法選択合意は明示のものに限らず、**黙示の合意**をも含むが、**主観的連結**によるものでなければならず、**客観的連結**によって契約準拠法が定まる場合はこれに含まれない。客観的連結による場合は、当事者の予測の範囲を超える可能性があるからである。

　設例II-3-2 の「契約上の債務」は、DE間の業務委託契約に基づくEの預託金返還債務である（これに対し、ここで争われているのは

Eの預託金管理の適否であり、DE間の業務委託契約の一部をなす消費寄託契約に基づく預託金管理（保管）義務を「契約上の債務」とみる説もある）。仮にDEが、この業務委託契約の準拠法として、日本法を明示的または黙示的に選択していた場合はどうであろうか。一般に、日本法上は履行地について特約がない限り、特定物の引渡しを除いて債権者の現在の住所地・営業所の所在地が法定の履行地となる（**持参債務**の原則。民法484条1項、商法516条）。したがってこの場合には、債権者であるD社の本店（主たる営業所）が日本国内にあるため、民訴法3条の3第1号に基づき、日本に国際裁判管轄が認められることになる。これに対して、DEがこの業務委託契約の準拠法を明示的にも黙示的にも選択していなかった場合には、客観的連結（法適用通則法8条）によって定まる契約準拠法上、たとえ法定の履行地が日本国内にあると認められるとしても、民訴法3条の3第1号に基づいて日本に国際裁判管轄を認めることはできない。

コラム3 ▶ 国際物品売買契約に関する国際連合条約（ウィーン売買条約）との関係

　国際物品売買契約に関する国際連合条約（United Nations Convention on Contracts for the International Sale of Goods, CISG）が適用される売買契約であっても、別途契約において債務の履行地の定めがある場合には、上記①（民訴法3条の3第1号前段）の要件を満たすものとして取り扱われる（CISG6条参照）。

　これに対し、当事者間の契約において債務の履行地が定められていない場合には、条約上の債務履行地（物品の引渡場所に関するCISG31条や、代金の支払場所に関する同57条(1)など）が日本国内

にあるときに日本に管轄を認めてよいかどうかが問題となる。

　本文でも後述するが、契約において債務の履行地が定められておらず、かつ、明示的であれ黙示的であれ準拠法の選択もなされていないような場合には、民訴法3条の3第1号に基づく契約債務履行地管轄は発生しないものと解される。したがって、例えば営業所が異なる国に所在する当事者間の物品売買契約で、これらの国の一方または双方が締約国ではないものの、法廷地の国際私法の準則に当たる法適用通則法8条（当事者による準拠法の選択がない場合）によれば締約国の法が準拠法となり、ここからCISGの適用が導かれるという場合に（CISG1条(1)(b)）、条約上の債務履行地が日本国内にあるからといって日本に管轄が認められるわけではない。このような場合にも日本の管轄を認めると、当事者の予測の範囲を超えるおそれがあるからである。

　その一方で、営業所が異なる国に所在する当事者間の物品売買契約で、これらの国がいずれも締約国であるときは、CISGは法廷地の国際私法の準則を介することなく直接適用されるところ（CISG1条(1)(a)）、この場合における同条約の適用は当事者の予測の範囲を超えるとまではいえないことから、ここでも当事者による準拠法の指定を債務履行地管轄の要件とすることには学説上批判もある。

　ちなみに**設例II-3-2**は、最判平成9・11・11（民集51巻10号4055頁）をモデルにしたものである。本判決において、最高裁判所は「契約において我が国内の地を債務の履行場所とすること又は準拠法を日本法とすることが明示的に合意されていたわけではない」と認定している。本件は平成23年改正前民訴法下での事案であるが、上記の事実認定を前提とする限り、民訴法3条の3第1号のもとでも、本件で日本に国際裁判管轄を認めることは困難であったと考えられる。

　既に述べたように（☞(1)）、債務の履行地に管轄を認める趣旨は、そこでの訴訟が当事者（債権者・債務者）の予測の範囲を超えないからである。したがって、当事者が契約において債務の履行地を定めていない場合には、これらの当事者の予測や期待は当初から存在せず、債務の履行地に管轄を認めるべき合理的理由はないことになる。同様の観点から、当事者が主観的連結によって準拠法を選択していない場合に、客観的連結によって定まる契約準拠法上の法定の債務履行地に管轄を認めることもまた、これらの当事者の予測の範囲を超える可能性があり、債務履行地管轄を認める前提条件を満たさないと考えられる。

　もっとも、このうち客観的連結による場合を民訴法3条の3第1号の「契約において選択された地の法」に含めないとする点は、比較法的にみても珍しい限定であり、このことが、わが国の外国判決の承認・執行制度を制約する可能性も指摘されるところである。すなわち、外国判決の承認・執行に関して厳格な**鏡像理論**を前提とすると、外国の裁判所が、客観的連結によって定まる契約準拠法上、法定の履行地が自国内に所在することを理由に自らの管轄を認めて下した判決につき、わが国で承認・執行が求められる場合に、日本の裁判所が、**間接管轄**（民訴法118条1号）の欠如を理由に当該外国判決の承認・執行を拒絶することは十分にあり得るであろう（☞**第Ⅶ章5.**）。

コラム4　**管轄原因としての「債務の履行地」の判断基準**

　民訴法3条の3第1号に基づく契約債務履行地管轄が認められるには、「債務の履行地」が契約において定められているか、または、

当事者が選択した契約準拠法上の履行地であるかのいずれかでなければならないことは、既に言及した。

これに対し旧法下の学説は、合意された履行地および契約の内容から一義的に確定可能な履行地である場合に限って管轄を認め、準拠法により履行地が定まる場合は除外するという立場が通説的であった。その一方で裁判例は、当事者が契約準拠法を選択している場合のみならず、そのような当事者による選択がない場合であっても、契約準拠法上の履行地に管轄を認める傾向にあり（東京地判昭和34・6・11 下民集 10 巻 6 号 1204 号、東京地判平成 5・4・23 判時 1489 号 134 頁等参照）、いかなる範囲の履行地に管轄を認めるべきかで見解が分かれていた。

その後、以上の見解の対立は、管轄原因としての契約債務履行地の判断にあたり、いずれもその契約を規律する準拠（実体）法上の履行地であることを前提としつつ、原則として準拠法上定まる履行地と一致させるのか（旧法下の裁判例）、それとも、これをさらに絞り込み、合意された履行地および契約の内容から一義的に確定可能な履行地に限るのか（旧法下の学説）という、具体的な基準設定における違いに過ぎないのではないか、との指摘がなされるに至り、新たな展開を迎えたように思われる。本文でも述べたが、特に、契約債務履行地管轄の趣旨が当事者の予測や期待を保護することにあるとすれば、旧法下の裁判例のように、客観的連結により契約準拠法が定まる場合をも含めて準拠法上の履行地に管轄を認める立場は、基準としてはやや広過ぎるのではないだろうか。他方で旧法下の学説のように、契約準拠法が当事者間で合意されている場合でさえ、その法定の履行地に管轄原因としての資格を認めないとすることは、当事者の言わば間接的な予測や期待を保護しない結果となりかねず、上記の趣旨からすれば、いささか狭きに失すると評価されることになろう。

現在の民訴法 3 条の 3 第 1 号の規定内容は、これら旧法下の裁判例と学説の中間に位置付けることができるように思われる。これは、上述のような当事者の予測可能性を担保しようとする立法政策を貫徹した結果であるとみることができるのである。

(5)手形・小切手の支払請
　　求を目的とする訴え　　民訴法3条の3第2号は、「手形又は小
切手による金銭の支払の請求を目的とする訴え」について、「**手形
又は小切手の支払地が日本国内にあるとき**」に日本の国際裁判管轄
を認める。

　支払地は手形または小切手上に明記されており、手形または小切
手上の債務者（被告）にとっても、これらの訴えが支払地国の裁判
所に提起されることは予測可能である。また、本号により支払地に
付加的ないし競合的な管轄を認めることで、手形または小切手上の
債務者が複数存在する場合にも、これら複数の債務者に対する訴訟
の管轄を支払地に集中させることが可能となり、債権者による金銭
の迅速な回収が期待できる。

4.　財産所在地管轄等

(1)財産所在地管轄を認
　　める意義　　　　　民訴法3条の3第3号は、「財産権上の訴
え」について、「請求の目的が日本国内にあるとき」、または「差し
押さえることができる被告の財産が日本国内にあるとき」に国際裁
判管轄を認めている。これは、請求の目的となっている財産が所在
する地に加え、被告の一般責任財産が所在するというだけの地にも
管轄を認める趣旨である。

　財産所在地管轄を認めることは、被告が日本に本拠を有しない場
合に特に意味を持つ。すなわち、そのような被告に対する権利の実
行を容易にするために、請求目的財産所在地または被告の一般責任
財産所在地に管轄原因を認めることで、執行の対象となる財産の所

在地において債務名義（給付訴訟の確定判決のような、債権の存在を明らかにし、強制執行の根拠となる証書のこと）を獲得する途を確保するのである（東京地判平成29・7・27平成28年(ワ)25969号）。

以下、請求目的物所在地管轄と、被告の一般財産所在地管轄とに分けてみていくことにする。

コラム5 ▶ 請求の担保の目的が日本国内にある場合

例えば、日本に本拠を有しない債務者に対して5,000万円の貸金債権を有している債権者が、これを担保するために、債務者の所有する日本所在の不動産に抵当権の設定を受ける場合を考えてみよう。

この債務を弁済しない債務者に対して、債権者が、担保目的物（不動産）の所在地である日本の裁判所に抵当権の実行としての競売を申立てる場合には、「差し押さえることができる被告の財産が日本国内にあるとき」（民訴法3条の3第3号後段）に当たり、日本の国際裁判管轄が認められると解される。しかしながら、物的担保の目的物が日本国内にある場合には、わが国の執行法制上、債務名義がなくとも担保権実行の申立てをすることができるから（民執法181条1項）、担保目的物の所在によって国際裁判管轄が認められるかどうかを議論する実益に乏しい。また、貸金債権の弁済を確保するために保証人を立てているような場合に（人的担保）、この保証人が日本にいるということだけで、外国に居住する主債務者のみを被告とする訴訟提起を認めると、主債務者に対して過大な応訴負担を強いることもあり得る。

以上のことから、民訴法3条の3第3号にはこの点に関する特段の規定が置かれなかった経緯があり、そのため同号は、請求の担保の目的、とりわけ人的担保が日本に所在するに過ぎない場合には適用されないものと理解されている。

もっとも、「船舶債権その他船舶を担保とする債権に基づく訴え」

については、これと異なり、担保目的物である船舶の所在によって国際裁判管轄が認められている（民訴法3条の3第6号。☞(4)）。船舶は債務者の唯一の執行対象財産であることが少なくないが、これらの訴えでは傭船者など船舶所有者以外の第三者が被告となる場合があり、「被告の財産」を管轄原因とする民訴法3条の3第3号ではカバーできないこと、実務上は債務者側から債権者に対して船舶債務不存在確認の訴えを提起する場合があり、この訴えについて船舶所在地の管轄を認める必要があること、および、船舶を担保とする場合に限れば上述のような人的担保の問題は生じないこと等が、その理由として挙げられる。

(2) 請求目的物所在地管轄

原告の請求が被告の日本に所在する特定の財産を目的とするものである場合、請求の内容とわが国との間には直接の関連性があるから、日本の国際裁判管轄が認められる（民訴法3条の3第3号前段）。例えば、売買契約に基づき買主が売主（日本に本拠を有しない）に対して日本の倉庫に長期保管中の瓶詰めワインの引渡しを求める場合には、請求目的物（瓶詰めワイン）が日本国内にあることから、日本に国際裁判管轄が認められる。この場合には、日本に管轄を認めても被告の予測に反する結果とならず、また、問題となっている争点の審理にとって、証人尋問や証拠収集の点でも適切であることが多いと考えられるからである。

　さらに、債権者である原告が、外国判決の承認・執行手続を介さずに権利の実現を図ることができるという点も、無視できない利益である。上記の例でいえば、買主は、売主が本拠を有する外国の裁判所にこの瓶詰めワインの引渡しを求める訴訟を起こす可能性もある。しかしながら、仮にその裁判所がこの事件について自国の国際

裁判管轄を認め、買主の請求を認容する本案判決を下したとしても、売主が日本国内にある瓶詰めワインの引渡しに任意に応じなければ、買主は結局、日本の裁判所に赴いてこの外国判決の承認・執行を求めなければならない。そして日本における承認・執行の可否は、この外国判決が民訴法118条各号の要件を満たすかどうかにかかっている。民訴法3条の3第3号に基づき請求目的物所在地管轄を認めることは、原告にとって、このような外国判決の承認・執行手続という不安定な経路によらない迅速な権利の実現を可能にするのである。

◈ 設例 II-4-1 ◈

　日本で著作された映画の著作物（本件著作物）の日本における著作権者である日本法人Fが、日本を除くすべての国において、期間の定めなく、独占的に本件著作物についての配給権、制作権、複製権等の許諾を受けていると主張するU国在住の同国人G（日本において事務所等を設置しておらず、営業活動もしていない）に対し、Fが本件著作物につきU国において著作権を有することの確認を求める訴えを日本の裁判所に提起した。わが国の裁判所は、この事件について管轄権を有するか。

　この**設例 II-4-1** で争われているのは、日本以外の地域においてGが本件著作物を独占的に利用する権利があるかどうか、である。このような場合には、たとえ本件著作物が日本で著作されたものであるとしても、日本以外の国における本件著作物の利用に関しては、それぞれ当該国における著作物に関する法規を根拠とする権利（当該国の著作権法に基づく著作権）が問題となるから、これらの権利に

ついては、その所在地が日本にあるということはできない。したがって、この場合には日本の国際裁判管轄は否定されることになる（東京地判平成11・1・28民集55巻4号754頁参照）。

(3)被告の一般責任財産 　　所在地管轄

　　　　　　　　　　　　外国判決の承認・執行制度が国際的に統一されているわけではなく、債務者（被告）の住所等がある外国で判決を得ても、これが財産所在地国において確実に承認・執行されるかどうか不明確である現状のもとでは、債権者（原告）の請求の内容とは直接の関連性を有しない在外債務者の一般責任財産が内国に所在するに過ぎない場合であっても、日本の国際裁判管轄を認めることには一定の合理性がある。

　例えば、その財産の大半が日本国内にある在外債務者（被告）に対して5,000万円の貸金債権を有している債権者（原告）は、この債務者の住所等がある外国の裁判所において、貸金の返還を求める訴えを提起することができる（被告本拠地管轄の原則）。しかしながら、たとえ債権者がその地で貸金債権の返還を命じる本案判決を得たとしても、債務者がこれに任意に応じなければ、債権者の債権回収は画餅に帰するであろう。この場合、債権者には日本の裁判所に当該外国判決の承認・執行を求める途が残されているが、当該外国判決の効力がわが国に及ぶかどうかは、既に述べたように、必ずしも保証されていない。このため、請求の内容との関係いかんにかかわらず、十分な財産が所在する地での訴え提起を認めることは、債権回収をより確実なものとしたい債権者の期待に適うといえるのである。

　そこで、民訴法3条の3第3号後段は、財産権上の訴えのうち「金銭の支払を請求するもの」に限り、「差し押さえることができる

被告の財産が日本国内にあるとき」に国際裁判管轄を認めるとした。少し前の設例であるが、**設例Ⅱ-3-1** においては、原告CがS国に本店を有する航空会社B社（被告）に対して損害賠償請求訴訟を提起している。この場合に、Bが日本国内に有している営業所を被告の一般責任財産（の集合体）とみることができるならば、その価額次第では、民訴法3条の3第3号後段に基づき日本に国際裁判管轄が認められる可能性がある（もっとも現実には、外国法人が日本に営業所を有している場合であっても、多くは賃貸借やリース契約によるものであり、営業所の土地・建物、主要な備品等が被告の差押可能財産となるケースはあまりないであろう）。

　この後段の規定の趣旨は、あくまで債務者の内国所在財産に対して強制執行をする債権者の便宜を考慮することにあるから、金銭請求訴訟、とりわけ債権者が提起する給付の訴えが中心となり、原告と被告とが入れ替わる**金銭債務の不存在確認**の訴えに同号を適用する合理性はない（前掲東京地判平成29・7・27）。このような金銭債務の**消極的確認請求訴訟**の国際裁判管轄についても民訴法3条の3第3号後段に基づく管轄原因を認めるとすると、債務者（消極的確認請求訴訟の原告）は、債権者（同訴訟の被告）の主張する債権の内容のいかんにかかわらず、常に自らの一般責任財産がある国の裁判所に訴えを提起できることになる。そしてこの債務者の一般責任財産の所在地というのは、多くの場合、債務者（原告）の住所地と一致するから、結局のところ、原告住所地に管轄を認めるのと変わりがないであろう。また債権者（被告）にとっても、自らの活動と関連がなく、自らの主張する債権の内容とも関連がない国での応訴を余儀なくされることになり、このことは、当事者間の公平を著しく害すると考えられる（東京地判昭和62・7・28判時1275号77頁参照）。

　また上記趣旨からすれば、内国所在の被告の**差押可能財産**は、その強制執行によって債権回収の見込みがあるものでなければならないと解される。例えば、在外債務者が出張で滞在した日本のホテルの一室に置き忘れたスリッパを管轄原因として、債権者がこの債務者に対する5,000万円の貸金返還請求訴訟を日本の裁判所に提起できるとすることは、日本と請求の内容との間に関連がないことに加え、仮に債権者が日本において返還を命じる本案判決を得たとしても、判決の実効性を確保できるか大いに疑問であり、適切ではないであろう。そのため、民訴法3条の3第3号後段括弧書は、「財産の価額が著しく低いときを除く」として、名目的な財産の存在を理由として被告に過剰な応訴負担を強いることのないよう、配慮している。

◆ **設例Ⅱ-4-2** ◆

　V国人Hは、同国法人Ｉ社（日本に営業所等を有しない）に極東方面のセールスマンとして雇用されていたが、解雇された。Hは、Ｉ所有の商品見本等が日本国内にあることに着目し、Ｉに対して、雇用契約上の権利としてV国への帰国費用の支払を求める訴訟を日本の裁判所に提起した。日本の裁判所は、この事件について管轄権を有するか。

　設例Ⅱ-4-2は、東京地判昭和34・6・11（下民集10巻6号1204頁）をモデルにしたものである。ここでは、被告Ｉの一般責任財産は商品見本等であるが、セールスマンである原告Hが日本国内のみならず極東各地を日常的に移動していたとみるのであれば、これらの一般責任財産が日本国内にあることは偶然の結果に過ぎず、この

程度の関連は日本の国際裁判管轄を基礎付けるのに十分であるとはいい難いであろう。実際の判決では、被告の商品見本等の価額については触れられていないけれども、仮にⅠの商品見本等がきわめて価値の低いものであったとすれば、現在の民訴法のもとでは、「財産の価額が著しく低いときを除く」（民訴法３条の３第３号後段括弧書）という要件に該当するため、財産所在地管轄は否定されることになると解される。

　民訴法３条の３第３号後段括弧書の「財産の価額が著しく低いとき」とは、時価によって判断するとしても、日本国内にある被告の一般責任財産の価値それ自体を基準とするのか、それとも原告の請求額との対比において日本国内にある被告の一般責任財産の価値を基準とするのかで、見解が分かれている。確かに、日本国内にある被告の一般責任財産の総額を本案審理に先立って正確に判断することは困難であるけれども、日本国内にある被告の一般責任財産が名目的であり、およそわが国では執行の対象とならないかどうかの判断は、個別事案における請求額との対比において行わざるを得ないように思われる。したがって、後者の見解が妥当である（東京地判平成15・9・26判タ1156号268頁参照）。

コラム6 ▶ **過剰管轄**

　財産所在地管轄については、しばしばその不当な拡張による過剰管轄の問題が指摘されてきた。

　ここで**過剰管轄**とは、法廷地と事件との間の関連性が十分でなく、管轄原因としての妥当性が国際的に承認されないような裁判管轄のことをいう。財産所在地の国際裁判管轄との関係では、とりわけ、請求額に見合わないわずかな財産の偶然的な所在だけで自国内に住

所を有しない被告に対する訴えについての管轄を認め得るとしたドイツ民訴法（ZPO）23条の極端な拡張的適用が、その典型として挙げられてきた。

　わが国において 1997〔平成 9〕年末まで施行されていた旧民訴法（大正 15 年法律第 61 号）8条、および、これを受け継いだ現在の民訴法5条4号は、この ZPO23 条に倣った立法であるといわれている。しかしながら、民訴法5条4号はあくまで、国内のどこの裁判所が管轄を有するかを定めたものに過ぎないのであるから、財産所在地の国際裁判管轄を定めている同3条の3第3号については、管轄の不当な拡張とならないよう制限的に解釈すべきである。

（4）船舶債権その他船舶を担保とする債権に基づく訴え

　債権の所在地は、原則として債務者の**普通裁判籍**の所在地であると解されるところ、とりわけ物上の担保権により担保される債権については、その物の所在地にあると考えることができる（民執法 144 条2項参照）。民訴法3条の3第6号が、船舶先取特権が認められる債権や船舶抵当権によって担保される債権のような「**船舶債権その他船舶を担保とする債権に基づく訴え**」について、「船舶が日本国内にあるとき」に国際裁判管轄を認めるのも、このような観点から説明が可能である。被告が船舶所有者であり、かつ当該船舶が日本国内にある場合には、これらの訴えは民訴法3条の3第6号のみならず、同3号後段（被告の一般責任財産所在地管轄。☞(3)）によっても日本に国際裁判管轄が認められる。したがって民訴法3条の3第6号は、被告が傭船者など船舶所有者以外の第三者である場合に特に意味を持つ規定である。

　なお、民訴法3条の3第3号および6号は、財産がある程度継続的に所在することを要件としていない。そのため規定上は、船舶が

少なくとも訴え提起時に日本国内に停泊・着陸していれば、それだけで国際裁判管轄が認められることになる（民訴法3条の12）。しかしながら、**仮差押え**により財産を固定することができたにもかかわらず、その後、当該船舶が日本を離れて移動中であるといった事情は、執行財産の確保の面から管轄を否定する方向に働く要素となり得るであろう。

5. 事務所・営業所所在地管轄、事業活動地管轄等

◈ 設例Ⅱ-5-1 ◈

設例Ⅱ-3-1 で、航空会社Ｂ社が日本国内に営業所を有せず、Ａが日本国内の旅行代理店でＳ国国内線の航空券を購入したとする。この場合に、日本の裁判所はＣの訴えについて管轄権を有するか。

(1)法人の従たる事務所・営業所が日本国内にある場合

被告が**法人**である場合には、その主たる事務所等が日本国内にあるときに国際裁判管轄を認めるのが原則である（民訴法3条の2第3項☞**第Ⅱ章2.(3)(ウ)**）。しかし、法人の主たる事務所等が外国にあり、日本には従たる事務所・営業所があるに過ぎないような場合であっても、その従たる事務所・営業所における業務に関する訴えであれば、そのような訴えに限って日本の国際裁判管轄が認められる（民訴法3条の3第4号）。日本に所在する事務所・営業所が中心となって行う業務に関するものであれば、日本の裁判所に訴えが提起されても被告の予測に反することはなく、また、当該業務についての証拠収集の面でも便宜であると考

47

えられるからである。

民訴法3条の3第4号の「事務所又は営業所」は、これを広く捉えるべきとの見解もあるが、その規定の文言上、被告となる法人のそれでなければならず、別法人である**子会社**等は原則として含まれないものと解される。また、その業務を独立して行う権限のない支部や**代理店**等も業務の本拠地であるとは言い難く、4号の事務所・営業所には該当しないものというべきであろう。このように解するならば、**設例Ⅱ-5-1**において、日本国内の旅行代理店をBの営業所と同視することはできず、民訴法3条の3第4号の「事務所又は営業所」という要件を満たさないから、同号に基づく管轄は認められないことになる。

また、民訴法3条の3第4号の「事務所又は営業所における**業務**」は、後述する5号のように、「日本における」ものに限定されていない。このため、例えば日本の営業所が近隣の外国における業務を含むアジア地域を統括する支店等であるような場合には、訴えがこれら外国における業務に関するものであったとしても、広く4号の対象となる。

さらに、民訴法3条の3第4号に基づき国際裁判管轄を認めるためには、訴えが日本所在の事務所・営業所における業務に「関する」ものでなければならない。この関連性の程度については、以下のように見解が分かれている。

第1に、**具体的業務関連性**、すなわち、事務所・営業所で実際に行われた業務に関する訴えであることを求める立場がある。この立場によれば、**設例Ⅱ-3-1**においては、Bの日本営業所がAB間の運送契約に関与していない以上、民訴法3条の3第4号に基づく国際裁判管轄は認められないことになる。また、仮にBC間の示談交

渉がBの日本営業所を通じて行われていたとしても、当該業務は墜落事故発生後のものであるから、事件との関連性は希薄であるといわなければならない。もっとも、例えば**設例Ⅱ-5-1**を少し変えて、Bは日本国内に営業所を有するが、Aが日本国内の旅行代理店から航空券を購入したという場合には、当該代理店が行った業務をBの日本営業所のそれと同視することができるから、このような場合に限り、民訴法3条の3第4号に基づく国際裁判管轄を認める余地があるように思われる。

第2に、**抽象的業務関連性**、すなわち、その営業所が行い得る業務の範囲に含まれていれば足りるとする立場がある。この立場によると、**設例Ⅱ-3-1**において、日本人被害者Aが日本に居住していたこと、および墜落事故を起こしたBも国際的な航空会社として日本に営業所を有していることからすれば、AがBの日本営業所でS国国内線の航空券を購入することもあり得たとして、日本営業所における業務との関連性が認められることになりそうである。

民訴法3条の3第4号が業務関連性を要件とする趣旨が、被告の予測可能性や証拠収集の便宜にある以上、常に具体的業務関連性まで要求するものと解することは狭きに失するように思われる。日本所在の事務所・営業所が実際には行っていない業務であっても、その日常的な業務に含まれるものに関する訴えであれば、被告の予測に反することはそれほど多くないと考えられるからである。もっとも、上記第2の立場による場合にも、本案の争点との関係における証拠収集の便宜に十分配慮する必要があり、例えば、Bの日本営業所が何ら関与していない業務についてまで無制限に日本の国際裁判管轄を認めるとすることは、過剰な管轄として厳に慎むべきである。

**(2) 法人の事務所・営業所が
日本国内にない場合**　さきに触れたたように、民訴法3条の3第4号が事務所・営業所所在地管轄を認める根拠は、①日本所在の被告の事務所・営業所が原告の訴えにかかる業務の本拠地であって、日本と強い関連性を有すること、②そこでの訴え提起は、被告の予測に反する結果とならないこと、および③当該業務についての証拠の収集に便宜であることに求められる。しかし、民訴法3条の3第4号の「事務所又は営業所」を狭く捉える立場からは、**設例Ⅱ-5-1** のように、外国法人が日本に営業所を設置せず、日本に子会社を設立して営業所と同様の業務にあたらせたり、現地代理店等を通じて航空券や自社製品等を販売したりしたような場合には、同号に基づく国際裁判管轄は認められないと解することになる。また、外国の事業者が日本に物理的な拠点を置くことなく、日本からアクセス可能な**インターネット**上のウェブサイトを開設するなどして、日本の法人や個人に航空券や製品等を販売することも、今日では珍しくないであろう。

　そこで、民訴法3条の3第5号は、「日本において事業を行う者」に対する訴えが、「その者の日本における業務に関するものである」場合に限り、日本の国際裁判管轄を認めるとしている。被告が日本において営業所等の物理的拠点を有しているかどうかにかかわらず、このような訴えであれば、日本で提起されても被告の予測の範囲を超えず、また、当該業務についての証拠も日本に所在することが多いと考えられるからである。そのため**設例Ⅱ-5-1** においては、たとえ被告Bが、日本に営業所等これに準じる物理的拠点を何ら有しないと評価され得るとしても、なお、この民訴法3条の3第5号に基づき日本に国際裁判管轄が認められる可能性は残されていること

になる。

　民訴法3条の3第5号の「**事業**」とは、一定の目的をもって反復継続的に遂行される同種の行為の総体を指すといわれる。例えば、日本国内に営業所を設置せず、日本における代表者のみを定めている**外国会社**が、わが国で継続的な取引活動を行っているような場合（会社法2条2号、817条1項、818条1項等参照）が典型的である。被告に日本での事業活動を求める趣旨は、この者を日本の国際裁判管轄に服させるのが適切であるといえる程度にその活動が継続的であることにある。したがって、内国での取引活動が単に一時的なものに過ぎないような場合には、民訴法3条の3第5号の「事業」に該当せず、同号に基づく国際裁判管轄は認められないものと解される。**設例Ⅱ-5-1**でいえば、Bは日本の旅行代理店を通じてわが国で航空券の販売活動を継続的に行っていることが推認できるから、「日本において事業を行う者」にあたると考えることができる。

　加えて、民訴法3条の3第5号に基づき国際裁判管轄が認められるのは、その規定の文言上、4号とは異なり、「日本において事業を行う者」の**業務**のなかでも、特に「日本における」ものに限定されている。**設例Ⅱ-5-1**のように、Bが、日本における自らの航空券販売事業の一環として、日本の旅行代理店でAに航空券を販売する行為は、Bの「日本における業務」に該当するであろう。

　この点、被告が日本に営業所等の物理的拠点を置くことなく日本で事業を行っているような場合には、「日本における業務」を日本国内で実行された業務と捉えることは、被告の予測可能性や証拠収集の便宜に照らして合理的である。その一方で、被告が日本に子会社を設立し、または日本における代表者を定めるなどして日本に何らかの物理的拠点を置いて事業を行っているような場合には、その

拠点が外国で実行した業務であっても、自らの業務の範囲内にある
ならば、「日本における業務」と捉えることができるように思われ
る。このように解しても、当然に被告の予測の範囲を超えるもので
あるとか、当該業務に関する証拠の収集に支障があるわけではなく、
大きな不都合はないと考えられるからである。

　なお、日本において事業を行う者に対する訴えとその者の日本に
おける業務との間にどの程度の関連があることを要するか（**具体的
業務関連性**が要求されるのか、それとも、**抽象的業務関連性**で足りるの
か）については、民訴法3条の3第4号と同様の議論（☞(1)）が
妥当しよう。

6.　社団または財団に関する訴えの管轄

　日本の法令により設立された**社団または財団に関する訴え**は、①会
社法第7編第2章に規定する訴え（同章第4節および第6節に規定す
るものを除く）、②一般社団法人及び一般財団法人に関する法律第6
章第2節に規定する訴え、③その他これらの法令以外の日本の法令
により設立された社団または財団に関する訴えでこれらに準ずるも
のであれば、日本に**専属管轄**が認められる（民訴法3条の5第1項
☞**第Ⅱ章14.(2)**）。

　例えば、日本の株式会社から取締役に対する任務懈怠に基づく責
任追及の訴え（会社法423条1項、848条参照）は、上記①に該当し、
国際裁判管轄が日本に専属することになる。そして原告は、この訴
えを外国で提起することは解釈上許されないであろう。すなわち、
仮に原告がこの訴えを被告住所地である外国で提起し、そこで原告
の請求を認容する本案判決が下されたとしても、その外国の判決の

承認・執行がわが国で求められる場合には、日本の裁判所は、**間接管轄**（民訴法 118 条 1 号）の欠如を理由に当該外国判決の承認・執行を拒絶することになると解される。

他方で、民訴法 3 条の 3 第 7 号は、日本の法令により設立された社団または財団（および日本に主たる事務所・営業所を有する権利能力なき社団または財団）に関する訴えで、当該社団または財団の現在もしくは過去の構成員に対するものにつき、日本に付加的ないし競合的な国際裁判管轄を認める。

例えば、日本の持分会社から業務執行社員に対する任務懈怠に基づく損害賠償請求（民訴法 3 条の 3 第 7 号イに該当。会社法 596 条参照）については、本号により日本に国際裁判管轄が認められるのみならず、原告は別途、この訴えを被告の住所地国や不法行為地国等で提起することもできる。これらの訴えについて、被告が日本国内に住所や財産等を有しない場合であっても日本に管轄が認められるのは、日本での審理が証拠調べに便宜であることや被告の予測の範囲を超えないことに加えて、特に、上述のような日本に専属管轄が認められる訴えとの間で統一的な処理が可能となることが理由として挙げられる。

7. 不法行為地管轄

(1) 不法行為地管轄を
認める意義

民訴法 3 条の 3 第 8 号は、「不法行為に関する訴え」について、「不法行為があった地が日本国内にあるとき」に日本の国際裁判管轄を認めている。

不法行為地管轄を認める根拠として、今日ではまず、**不法行為地**

は事件との物理的距離が近いため、通常は証拠の収集が容易であり、適正かつ迅速な審理を期待できる点が挙げられる。また、被害者による提訴の可能性を不法行為地にも広げることで被害の救済が容易となるほか、そこでの応訴は加害者にとっても予測が可能であるため、当事者（被害者および加害者）双方にとって公平な地である点が強調されることもある。

　民訴法3条の3第8号の「不法行為に関する訴え」には、多様な類型の不法行為が含まれ得る。法適用通則法では特則が設けられた生産物責任（18条）や名誉・信用毀損（19条）のほか、**知的財産権侵害**も民訴法3条の3第8号の対象となる。不法行為地管轄の制度目的の1つが被害救済の容易化にある以上、その方法は損害賠償請求訴訟のみならず、差止請求訴訟であってもよい（知財高判平成22・9・15判タ1340号265頁参照）。

　さらに、加害者側が原告となり損害賠償債務の不存在確認を求める訴えを提起するような場合にも、不法行為地に証拠が集中している限りは管轄を認めることに合理性がある（横浜地判平成26・8・6判時2264号62頁等参照）。ただし、このような**消極的確認請求訴訟**の場合には、結果的に加害者の側で、被害者の住所地や不法行為地等、提訴可能な国のなかから自己に最も有利な国を選択することになってしまう。このため、被告となる被害者の応訴の負担が大きいと判断されれば、民訴法3条の9に基づき例外的に管轄を否定すべきであろう。

(2)「不法行為があった地」の決定

民訴法3条の3第8号の「不法行為があった地」には、加害行為が行われた地と、加害行為の結果が発生した地の双方が含まれる。そのため、**加害行為地**と**結果発生地**とが一致

する不法行為はもとより、両者が異なる**隔地的不法行為**であっても、いずれかの地が日本国内にあれば原則として管轄が認められることになる。

設例II-3-1 のような航空機事故の場合、加害行為地や結果発生地はいずれも事故地であるＳ国と解することになろうが、その一方で、日本在住の遺族Ｃの扶養利益の喪失といった経済的損害は、日本国内で発生しているともいえそうである。しかしながら、これらの**二次的・派生的損害**の発生地をも不法行為地に含めることは、結果として原告Ｃの住所地管轄を認めるのに等しいため、被告Ｂの予測の範囲を超える場合があり、当事者間の均衡を欠く可能性がある。この点、民訴法３条の３第８号は、「不法行為があった地」から二次的・派生的損害の発生地を直ちに排除するものではないけれども、「外国で行われた加害行為の結果が日本国内で発生した場合において、日本国内におけるその結果の発生が通常予見することのできないものであったときを除く」（同号括弧書）として、結果発生地管轄を通常予見可能なものに限定している。したがって現行法のもとでは、この括弧書の解釈により、二次的・派生的損害の発生に基づく管轄を**通常予見可能性**がないものとして否定する余地は残されているといえよう。

なお、救済方法として事前の**差止め**を請求する場合には、違法行為が行われるおそれのある地や、権利利益を侵害されるおそれのある地が「不法行為があった地」となると考えられる（間接管轄につき、最判平成 26・4・24 民集 68 巻 4 号 329 頁参照）。

◆ **設例Ⅱ-7-1** ◆

　日本法人が所有するヘリコプターが日本で墜落し、死者の日本人遺族であるＪらが、Ｗ国法人で同国に本店を有するＫ社に対し、訴訟を提起した。ヘリコプターは、訴外Ｌ社がＷ国で製造し、同国法人に引渡され、のちに日本法人に譲渡されたものであった。Ｊらは、事故の原因はヘリコプターの製造過程の欠陥に起因するものであると主張して、Ｌから営業譲渡を受けたＫに生産物責任に基づく損害賠償請求訴訟を提起した。日本の裁判所は、この事件について管轄権を有するか。

◆ **設例Ⅱ-7-2** ◆

　Ｘ国法人Ｍは、子会社を通じてＭに出資する日本法人Ｎおよびその関係者について、Ｘ国の海外腐敗行為防止法違反を繰り返した疑いがあり、その保有する株式を強制的に召喚することをＭの取締役会で決議した旨の英語記事を自社のウェブサイトに掲載した。Ｎらは、この記事の掲載によって自身の名誉・信用が毀損されたと主張して、Ｍおよびその取締役らに対し、不法行為に基づく損害賠償を請求する訴訟を日本の裁判所に提起した。日本の裁判所は、この事件について管轄権を有するか。

　設例Ⅱ-7-1 は、東京地中間判昭和 59・3・27（下民集 35 巻 1=4 号 110 頁）をモデルにしたものである。この中間判決は、渉外的な**生産物責任**を不法行為責任と捉えたうえで、外国で行われた加害行為（欠陥のあるヘリコプターの製造）の結果（死亡事故）が発生した日本の国際裁判管轄を認めた。

　今日、生産物責任訴訟において被告の住所地でも加害行為地でも

ない結果発生地に管轄を認めることの根拠は、損害の発生した状況についての証拠の収集に便宜であること、通常の流通過程を経ている限りは加害者である生産業者の予測に反しないこと、および、被害者の住所地と一致する場合が多く、被害者の保護につながることに求められる。ただし、民訴法3条の3第8号のもとでは、問題のヘリコプターは当初W国法人に引き渡されたものであり、仮にその後の日本法人への譲渡はKの想定した流通経路の外にあったというべき特有の事情が存在する場合には、日本国内での事故の発生は通常予見することのできないものであった、として日本の国際裁判管轄（結果発生地管轄）を否定することもあり得るであろう。

　次に**設例Ⅱ-7-2**の名誉・信用毀損のような、1つの加害行為により被害者が複数の法域に有する法的利益を同時的に侵害する**損害拡散型不法行為**の場合は、どうであろうか。この設例のモデルとなった最判平成28・3・10（民集70巻3号846頁）は、被告Mが上記記事をウェブサイトに掲載することで原告Nらの名誉および信用の毀損という結果が日本国内で発生したといえるとして、日本に結果発生地管轄を認めている。**通常予見可能性**については、記事が英語で書かれており、日本のみに向けられたものとはいい難いものの、この記事がインターネット上に公開されるからには、日本国内でも容易に閲覧可能な状態に置かれることに加え、被害者Nの本拠地も日本国内にあることを考慮すれば、日本国内における結果の発生が通常予見することのできないものであった、とまではいえないであろう。

　他方で、損害拡散型不法行為についても結果発生地管轄を認めると、特に**設例Ⅱ-7-2**のような**インターネット**事案の場合、結果発生地はほぼ世界中に広がり得る。そのため被告（加害者）としては、

原告（被害者）が同一の事件につき複数の結果発生地国で同時並行的に訴訟を提起するという事態も想定しておかなければならない。

　このような事態への対処方法としては、結果発生地国裁判所の審理範囲を、その国で生じた損害に限定する立場が欧州では提唱されている（1995年の欧州司法裁判所判決である *Shevill v. Presse Alliance SA*, Case C-68/93,［1995］ECR I-415 が、その典型として挙げられる）。つまり、それぞれの結果発生地国で事件全体についての管轄を認めるのではなく、その国で生じた損害についてのみ管轄を認めるという立場である。しかしながら、請求の客観的併合（民訴法3条の6）を認める日本法のもとでは、関連する請求については事件を集中して審理することになるため、このような審理範囲の限定は困難であるといわざるを得ない。損害拡散型不法行為における並行的訴訟の問題は、わが国では、これを国際訴訟競合の規律に委ねるか、内外判決の重複・矛盾の問題として処理するほかないのではないかと思われる（国際訴訟競合については、☞**第Ⅱ章15.(4)**）。

コラム7　管轄原因事実と請求原因事実との符号

　管轄権に関する事項は職権調査事項であり（民訴法3条の11）、裁判所は、ある訴えについて自らが国際裁判管轄を有するかどうか疑いがあるときは、これを確かめてから本案の審理に入るのが通常である。

　しかし、例えば不法行為地管轄における不法行為の存在など、それ自体が管轄の原因にあたる事項であると同時に、本案での立証を尽くして判断されるべき実体的な要件事実でもあるという場合には、管轄判断として裁判所はどこまで踏み込むべきかが問題となる。

　国内管轄ではこのような場合、原告の主張する管轄原因事実が存

在するものと仮定して判断すれば足りるとするのが多数説の立場である。しかし国際裁判管轄の場合には、このような**管轄原因仮定説**によると、被告は原告の主張のみによって遠隔の地での応訴を強いられる可能性がある。そのため下級審裁判例では、このような被告の負担に配慮して、日本国内で不法行為があったことについての一応の証明が必要であり、それにより裁判所が「実体審理を必要ならしめる程度の心証を持つに至った場合」に限って管轄を認めるべきであるとする見解も有力であった（**一応の証明説**。東京地判平成7・4・25判時1561号84頁等参照）。

　その後、最判平成13・6・8（民集55巻4号727頁）は、日本に不法行為地の国際裁判管轄が認められるには、「原則として、被告が我が国においてした行為による原告の法益について損害が生じたとの客観的事実関係が証明されれば足りる」と判示した（**客観的事実関係証明説**）。これは、一応の証明説ではその証明の程度が不明確であり、裁判所間で判断の基準が区々となりやすいことから、不法行為の要件事実のうち、客観的事実関係、すなわち①原告の被侵害利益の存在、②被侵害利益に対する被告の行為、③損害の発生、および④上記②と③との間の事実的因果関係に限っては、完全な証明を求めるという趣旨であると解される。このような客観的事実関係証明説はまた、**間接管轄**の判断に際しても妥当する（前掲最判平成26・4・24）。

　さらに、前掲最判平成13・6・8以降の下級審裁判例では、**債務履行地**の国際裁判管轄に関しても、「原則として、原告と被告の間に当該債務の発生原因である契約が締結されたという客観的事実関係が証明されることが必要である」とするものがある（東京地判平成21・11・17判タ1321号267頁）。しかしながらこれに対しては、債務履行地管轄において契約締結という客観的事実関係の存在は法廷地と事件との間の関連性を何ら説明しないにもかかわらず、その完全な証明を求めることは妥当でないとして、批判が強い。

8. 船舶衝突・海難救助事件の管轄

　船舶は、各国を移動する性質を持つ財産であるので捉えるのが難しく、しかも、それが被告（債務者）の唯一の執行対象財産であることも少なくない。特に、いわゆるペーパーカンパニーが便宜置籍船を保有しているようなケースでは、被告住所地国や**船籍**の所在地国での訴え提起が原告（債権者）の負担となるのみならず、そこで下された判決の実効性の面でも疑問符が付く。

　以下では、**海事事件**の管轄のうち、船舶衝突および海難救助についてみていく（船舶を担保とする債権に基づく訴えについては、☞**第Ⅱ章4.(4)**）。

> **(1) 船舶衝突の管轄**

　　　　　　　　　　　　船舶の衝突その他海上の事故は不法行為と捉えられるから、これらが日本の領海内で起こった場合には、民訴法3条の3第8号によって管轄が認められる。民訴法3条の3第9号はこれに加えて、衝突等が他国の領海内や公海上で発生した場合であっても、「損害を受けた船舶が最初に到達した地が日本国内にあるとき」には日本の管轄を認めるとしている。

　被害船舶の最初の寄港地は、事故の発生した状況や衝突損害の修理についての証拠の収集に便宜であり、また、**公海**上での衝突の場合を考えると、被告（加害者）の住所地国以外での提訴が可能となれば、被害者救済の観点からも望ましい。とはいえ、最初の寄港地は偶然的に定まることが少なくないため、特に、訴え提起時に衝突船舶や関係者がすでにその地を離れているような場合には、証拠調べに困難を伴うことから、最初の寄港地に管轄を認める合理性はないであろう（仙台高判平成23・9・22判タ1367号240頁参照）。

---

(2)海難救助の管轄　　　民訴法3条の3第10号は、海難救助に関する訴えについて、救助契約の有無を問うことなく「海難救助があった地又は救助された船舶が最初に到達した地が日本国内にあるとき」に日本の国際裁判管轄を認めている。

　まず、海難救助が日本の領海内で行われた場合に救助作業地国である日本の管轄を認めることは、証拠の所在や当事者の予測可能性の点から正当化されよう。次に、海難救助が他国の領海内や**公海**上で行われたにもかかわらず、被救助船の最初の寄港地が日本国内にあるときにも管轄を認めることの根拠は、主として証拠調べの便宜に求められる。しかしながら後者（被救助船の最初の寄港地が日本国内にあるとき）については、日本に寄港後、訴え提起までに再び出港してしまった場合など、日本における証拠調べの必要性が低く、そこでの訴え提起が被告の予測に反する結果となるケースもあり得る。このため、後者の場合は前者（海難救助が日本の領海内で行われた場合）に比べ、個別に調整する余地が大きいように思われる。

　なお、救助者と被救助者との間の**救助契約**に基づいて海難救助が行われる場合には、上記とは別に、債務履行地管轄（民訴法3条の3第1号。☞**第Ⅱ章3.**）や合意管轄（同3条の7。☞**第Ⅱ章12.**）が認められる可能性がある。国際的な海難救助の場合、実務上は「**ロイズ海難救助契約標準書式**」（Lloyd's Open Form）に基づいて救助契約を締結することが多いとされ、そこでは、ロンドンにおける仲裁判断によって救助報酬額が決定される旨の定めがある。

Ⅱ　財産法領域の国際裁判管轄

9. 不動産所在地管轄

　例えば、原告が被告に対して日本所在の**不動産**の引渡しを求める訴えを提起するような場合には、その不動産が「請求の目的」に該当すると考えられるため、民訴法3条の3第3号前段に従い、日本に管轄が認められる。しかしながら、例えば相隣関係の訴え（日本国内にある土地の所有者が、外国に居住する隣地の所有者に対して、隣地の使用を求めるような場合）など、不動産が「請求の目的」とはいえない場合もある。

　そこで、民訴法3条の3第11号は、「不動産に関する訴え」について、「不動産が日本国内にあるとき」に日本の国際裁判管轄を認めるとした。このような**不動産所在地管轄**を認める根拠としては、不動産の所在地には係争物である土地・建物や登記簿等が存在するため証拠調べに便宜であることや、利害関係人が近くに居住している場合も多く、それらの間における統一的解決が期待できることが挙げられる。

　民訴法3条の3第11号の「不動産に関する訴え」とは、不動産に関する権利を目的とする訴えをいい、不動産上の物権に関する訴えのみならず、不動産に関する債権の訴えも含まれる。例えば、不動産の所有権確認または所有権を有しないことの確認の訴え、所有権に基づく返還請求訴訟、相隣関係の訴え、および契約に基づき土地家屋の引渡しを求める訴え等が、これに該当する。他方で不動産の売買代金請求や賃料請求の訴え等は、不動産に関する権利を目的としないものであるから、「不動産に関する訴え」には該当しない。とはいえ、後者の訴えについても、不動産上の請求との客観的併合による管轄（民訴法3条の6）が認められる可能性は高いであろう。

　諸外国では、不動産上の物権に関する訴えを所在地国の**専属管轄**とする立法例があり（代表的なものとして、2012 年のブリュッセル I 改正規則 24 条 1 号等が挙げられる）、不動産に関する物権問題が所在地国の領土主権にとって重要な問題であることから、わが国においても、これを立法論として支持する見解がある。しかしながら、民訴法 3 条の 3 第 11 号の不動産所在地管轄は付加的ないし競合的な管轄であるため、原告は、日本在住の被告に対して外国に所在する「不動産に関する訴え」を日本の裁判所に提起することも、解釈上は可能である。ただしこの場合には、特に、不動産所在地である外国に証拠方法が集中していないかどうかを、日本の管轄を否定する要素として考慮に入れる必要があるだろう。

　なお、例えば日本に所在する不動産の所有権移転登記手続を求める訴えなど、11 号の「不動産に関する訴え」に該当するが、同時に「登記又は登録に関する訴え」（民訴法 3 条の 5 第 2 項）にも該当するようなものについては、後者の規定が優先するから（同 3 条の 10）、日本に**専属管轄**が認められる。したがって、例えば日本国内にある別荘について、外国に居住する者の間で当該別荘の所有権移転登記手続を求める訴えが当該外国の裁判所に提起され、当該外国の裁判所によってこの請求を認容する本案判決が下されたとしても、わが国においてこの外国判決の承認・執行が求められる場合には、日本の裁判所は、**間接管轄**（民訴法 118 条 1 号）の欠如を理由に当該外国判決の承認・執行を拒絶することになると考えられる。

10.　消費者契約・労働契約に関する特則

> **(1)国際裁判管轄における経済的弱者保護**

　　ここで取り上げる消費者契約や労働契約も、契約の一種である。しかし、民訴法は、一般契約に関する国際裁判管轄権の特別規定である3条の3第1号とは別に、消費者契約と労働契約について、さらに特則を設けている。このように契約に関する一般ルールを設けつつ、消費者契約や労働契約について消費者や労働者を保護するための特則を定めるのは、国際私法上の**経済的弱者保護**の現れの1つである。消費者や労働者は、契約の相手方に比べて資金力や情報収集能力に劣るため一定の保護が必要であると考えられるからである。同様の経済的弱者保護は法適用通則法においてもみられるが、国際裁判管轄上の弱者保護は、弱者に対して裁判所へのアクセスを保障する形で現れることに特徴がある。以下、国際裁判管轄における経済的弱者保護の具体的な規律内容をみていく。

> **(2)消費者契約に関する特則**

◆ **設例Ⅱ-10-1** ◆

　日本に住所を有するAは、S国のアンティークショップBから、インターネットを通じて自宅で使用するためのアンティークの食器を購入した。AはBの指示に従い、すぐにBのS国銀行の口座に代金を振り込んだ。ところが何度もBに催促をしたものの、1年経っても食器が送られてこない。Aは日本の裁判所でBに対して債務の履行を求める訴えを提起しようとしている。このAの訴えにつき日本の国際裁判管轄は認められるか。

◆ **設例Ⅱ-10-2** ◆

　日本に住所を有するＡは、Ｓ国のアンティークショップＢから、インターネットを通じて自宅で使用するためのアンティークの食器を購入した。ＢはＡからの注文を受けて、すぐにＡに宛てて食器を送付し、Ａは当該食器を受け取った。ところがＡはＢからの度重なる催促にもかかわらず一切料金を払おうとしないばかりか、半年後にＴ国に転居してしまった。Ｂは日本の裁判所でＡに対して債務の履行を求める訴えを提起しようとしている。このＢの訴えにつき、日本の国際裁判管轄は認められるか。

　消費者契約に関する国際裁判管轄ルール上の特則は、民訴法３条の４第１項および３項に規定されている。すなわち、消費者契約の締結時もしくは訴えの提起時に日本の住所を有する消費者から事業者に対して提起される消費者契約に関する訴えについては、日本の裁判所に国際裁判管轄があるとされる。ここで「消費者契約」とは、同条１項によれば、消費者（＝事業としてまたは事業のために契約の当事者とならない者）と事業者との間で締結される労働契約以外の契約をいう。この定義は法適用通則法11条における消費者契約の定義と同じである。このように消費者が契約締結時もしくは訴え提起時に日本に住所がある場合に日本の国際裁判管轄を認めるのは、契約の相手方である事業者に比べて資金力等が劣る消費者にとって最もアクセスがしやすい（訴え提起時の住所が日本）か、あるいは当該消費者契約に関する証拠に最もアクセスしやすい（消費者契約締結時の住所が日本）のが日本の裁判所といえるからである。既にみたように（☞**第Ⅱ章2.**）、日本の国際裁判管轄にかかるルールは、被告住所地を原則としているが、消費者契約にかかる特則は、その

例外として、原告（たる消費者）の住所地に国際裁判管轄を認める。なお、消費者が事業者を訴える場合には、民訴法３条の４第１項によることができるほか、同法３条の２や３条の３、あるいは３条の５ないし３条の８によって日本の裁判所に訴えることも可能である。

　他方、事業者が消費者契約に関して消費者に対して訴えを提起する場合については、民訴法３条の４第３項が定める。同項によれば、消費者が事業者を訴える場合と異なり、同法３条の３の規定は利用できず、同法３条の２（被告（この場合は消費者）の住所地）、３条の５（日本の裁判所の専属管轄に属する訴え）、３条の６（併合管轄）、３条の７（合意管轄、ただし後述のように消費者契約での合意管轄には大幅な制限がある）、３条の８（応訴管轄）によって日本の国際裁判管轄が認められる場合に、日本での訴え提起が認められる。

　これらの規定に従って設例を考えてみよう。**設例Ⅱ-10-1** および**設例Ⅱ-10-2** ではＡは消費者、Ｂは事業者ということになる。**設例Ⅱ-10-1** のＡからＢへの訴えについては、AB間の契約は民訴法３条の４第１項にいう消費者契約であり、訴え提起時に日本に住所を有するＡが当該消費者契約上の債務の履行を求める訴えを提起しようとしていることから、日本の国際裁判管轄は、他に特別の事情がない限り、認められる。なお、**設例Ⅱ-10-1** で仮にＡが訴え提起時に日本国外に転居していたとしても、消費者契約締結時に消費者が日本に住所を有していればよいため、日本の国際裁判管轄には影響はない。

　これに対して、**設例Ⅱ-10-2** のＢからＡに対する訴えについては、民訴法３条の４第１項にいう消費者契約ではあるが、事業者から消費者を訴えようとしているため、同条同項は適用されず、同条３項により、民訴法３条の３も利用できない。民訴法３条の２に基

づき、被告であるAの住所が日本にあれば日本の国際裁判管轄が認められるが、被告Aの住所は訴え提起時に日本になければならない（民訴法3条の12）。**設例Ⅱ-10-2**では、訴え提起時にはAの住所はT国に移っており日本にないため、それ以外の管轄原因がなければ、日本の国際裁判管轄は認められないこととなる。

なお、消費者が、法適用通則法11条6項1号や2号の能動的消費者に該当する場合には、法適用通則法11条1項以下に規定する消費者保護の適用を受けられないのに対して、民訴法3条の4には能動的消費者を例外的に保護の対象から排除する、すなわち、消費者の住所地管轄を規定する同条1項の適用を除外する規定が存在しない。したがって、例えば海外旅行に行って現地で土産を購入し、帰国後購入した土産に不具合があったことを理由に販売店に対して損害賠償等を請求する場合でも、日本に住所を有する消費者が事業者を訴えようとしている以上、民訴法3条の4第1項に基づいて日本の裁判所に国際裁判管轄が認められることには注意が必要である。もっとも、消費者が自らの意思で外国に赴きそこで契約を締結した等の事実は民訴法3条の9にいう特別の事情の有無を判断する過程において、当事者間の衡平および裁判の適正迅速の確保という要請に照らして、別途考慮されることになるだろう。結果として、こうした能動的消費者について、訴えを却下する特別の事情が認められる余地は十分にある。

(3)労働契約に関する
　特則

◈ 設例Ⅱ-10-3 ◈

　日本に住所を有するＡは、Ｓ国法人Ｂとの間で、ＢのＴ国事務所の所長として勤務することを内容とする労働契約を締結した。Ａが所長としてＴ国で勤務して5年経過した頃、突然Ａは解雇され、翌日から事務所に来なくてよいと申し渡された。Ａは自宅のある日本に戻り、日本の裁判所でこの解雇が不当であるとして地位確認の訴えを提起しようとしている。このＡの訴えにつき、日本の国際裁判管轄は認められるか。

◈ 設例Ⅱ-10-4 ◈

　日本に住所を有するＡは、Ｓ国法人Ｂとの間で、ＢのＴ国事務所の所長として勤務することを内容とする労働契約を締結した。Ａは日本に住所を有しながらＴ国で働きはじめたが、その後Ａが同業他社にＢの顧客リストを流し、顧客情報を漏洩させていることが判明した。Ｂは日本でＡに対して損害賠償を請求する訴えを提起しようとしている。このＢの訴えにつき、日本の国際裁判管轄は認められるか。

◈ **設例II-10-5** ◈

　日本に住所を有するＡは、国際線のパイロットとしてＳ国法人Ｂとの間で労働契約を締結した。なお、労働契約においてＡの搭乗する国際線は日本とＳ国との間の国際線のみとされ、当該労働契約はＢの本社（Ｓ国所在）において締結された。半年後、Ａの勤務態度に問題があるとしてＢはＡを解雇したが、Ａはこの解雇は不当であるとして日本の裁判所で地位確認の訴えを提起しようとしている。このＡの訴えにつき日本の国際裁判管轄は認められるか。

◈ **設例II-10-6** ◈

　日本に住所を有するＡは、Ｓ国法人Ｂとの間で、Ｂの日本事務所において、労働契約を締結した。Ａの勤務地は、６ヵ月の試用期間中に決定することとなっていたところ、Ａが働き出して３ヵ月経ったときに、ＢはＡの勤務態度に問題があるとして突然Ａを解雇した。Ａは日本に戻り、日本の裁判所でこの解雇が不当であるとして、地位確認の訴えを提起しようとしている。このＡの訴えにつき、日本の国際裁判管轄は認められるか。

　労働契約に関する国際裁判管轄ルール上の特則は、民訴法３条の４第２項および３項に規定されている。すなわち、労働契約の存否その他の労働関係に関する事項について個々の労働者と事業主との間に生じた民事に関する紛争（条文上、このような紛争を「個別労働関係民事紛争」としている）に関して、労働者から事業主を訴える場合、問題となっている労働契約における労務提供地が日本にあれば、日本の裁判所に国際裁判管轄があるとされる。また、労働契約において労務提供地が定まっていない場合には、労働者を雇い入れた事業

69

所の所在地が日本にあれば日本の国際裁判管轄が認められる。このような規定を置いたのは、雇用主に比べて経済的な弱者である労働者に対して、労務提供地が最もアクセスしやすく、かつ雇用主と労働者にとってその場所での裁判について、予見可能性が確保されるからである。なお、消費者契約の場合と異なり、労働者が事業者を訴える場合、労働者の住所には原則として国際裁判管轄が認められていないことには注意が必要である。

　これに対して、個別労働関係民事紛争に関する訴えを事業主が労働者に対して提起する場合には、民訴法3条の4第3項により、同法3条の3を利用することができず、同法3条の2（被告（この場合には労働者）の住所地）、3条の5（日本の裁判所の専属管轄に属する訴え）、3条の6（併合管轄）、3条の7（合意管轄、ただし後述のように労働契約でも合意管轄には大幅な制限がある）、3条の8（応訴管轄）によって日本の国際裁判管轄が認められる場合に日本での訴え提起が認められることになるのは、消費者契約の場合と同じである。

　これらの点を踏まえて、**設例Ⅱ-10-3**と**設例Ⅱ-10-4**をみてみよう。**設例Ⅱ-10-3**では労働者であるAが雇用主である事業者Bを訴えようとしている。また、AはBに対して、解雇の不当を訴えており、この紛争は個別労働関係民事紛争に当たる。このため、民訴法3条の4第2項によることができるが、この例では、日本にAの住所はあるが、AB間の労働契約の労務提供地はT国であり、日本ではない。したがって、**設例Ⅱ-10-3**のAからBに対する訴えにつき、民訴法3条の4第2項に基づき日本に国際裁判管轄が認められることはない。

　これに対して、**設例Ⅱ-10-4**においては、個別労働関係民事紛争ではあるが、訴える側が事業者Bであり、訴えられる側が労働者

Aである。この場合はAB間の労働契約の労務提供地が管轄原因となることはなく、民訴法3条の2等で管轄が認められるかどうかを判断することになる。この例では、Aは日本に住所を有している（基準時は、民訴法3条の12より訴え提起時である）ため、民訴法3条の2により、日本に国際裁判管轄が認められる。

　なお、労働契約に関する国際裁判管轄ルール上の特則について注意すべき点として、国際裁判管轄権の根拠となる労務提供地は複数あってもかまわない、という点が挙げられる。原則として1つの単位法律関係に1つの準拠法を決定することとなる狭義の国際私法とは異なり、国際裁判管轄が認められる場所は1つに定まっている必要はないからである。そのため、国際裁判管轄の管轄原因としては、複数ある労務提供地のうちの1つが日本であれば十分である。したがって、**設例Ⅱ-10-5**のAは国際線のパイロットであるが、日本とS国との間の国際線に乗務することが定まっていることから、少なくとも日本が労務提供地の1つであることは確実といえるだろう。つまり、Aの訴えにつき日本の国際裁判管轄は認められることになる。

　また、**設例Ⅱ-10-6**のように、どこで働くかが定まっていない場合には、労務提供地が定まっていない場合にあたり、民訴法3条の4第2項により、労働者を雇い入れた事業所の所在地が日本であれば日本に国際裁判管轄が認められることになる。この例では、AはBの日本事務所で雇われていることから、同条同項に基づき日本の裁判所への訴え提起が認められる。なお、仮にこの例において、日本の事業所で採用書類を受領したが、Aの雇用に関する実際の手続を行ったのが日本の事務所ではなくBの本店であったならばどうであろうか。このような場合には、形式的に採用書類を受領し

71

た事業所の所在地ではなく、実質的な手続を行ったBの本店が「労働者を雇い入れた事業所」ということになろう。

11.　併合管轄・反訴

◆ 設例Ⅱ-11-1 ◆

　日本法人Aは、S国法人BがS国においてAが著作権を有する映像 *a* をAの許可を得ずに無断で放映したとして、Bに対する訴えを日本の裁判所に提起した（なお、当該放映はS国内に限られていたことに争いはない）。当該訴訟のなかで、Aは、Aが日本で *a* に関する著作権を有することの確認を求めつつ、S国での *a* に関する著作権もAにあることの確認およびその著作権侵害についての損害賠償を請求している。これらの請求について日本の国際裁判管轄は認められるか。

◆ 設例Ⅱ-11-2 ◆

　日本法人Aは、S国法人Bと、Aが著作権を有する映像 *a* に関する著作権の日本国内での利用許諾契約を5年前に締結していた。当該契約上、利用料は日本において支払うものと合意されていた。この利用許諾契約とは全く関係なく、Bが新たに日本において事業活動を立ち上げるために、オフィスを探していたところ、Aは自社ビルの1室をBに賃貸することを申し出、両者は当該不動産の賃貸借契約を締結した。なお、当該契約上、賃料の支払場所としてS国が指定されていた。ところが、その後Bの資金繰りが悪化し、*a* に関する利用料も、賃料も支払わなくなり、いつの間にかオフィスからすべての荷物を引き上げてしまった。AはBに対して著作権の利用料と賃料の支払を求めて日本の裁判所に訴えを提起しようとしている。これらの請求について日本の国際裁判管轄は認められるか。

◈ 設例Ⅱ-11-3 ◈

　日本法人Aは、S国において登録されている特許権を有している。ところが日本法人Bが日本においてAのS国特許を侵害するような製品を製造し、それをS国において販売していることが分かり、AはBに対して、特許権の侵害に基づく損害賠償の請求と、S国特許権の有効確認の訴えを日本の裁判所に提起しようとしている。これらの請求について日本の国際裁判管轄は認められるか。

◈ 設例Ⅱ-11-4 ◈

　日本法人AとS国法人Bは、T国での事業を共同して行うために日本法人Cから、両者の連帯債務として1,000万円を借り受けた。ところがAとBの資金繰りが悪化したため、CはAとBに対して日本の裁判所で貸金の返還請求訴訟を提起することを考えている。この訴訟について日本の国際裁判管轄は認められるか。

◈ 設例Ⅱ-11-5 ◈

　日本に住む日本人AはS国法人Bの所有・運航するS国船籍の船に乗ってS国に向かっていたところ、公海上で、日本法人Cの所有・運航する日本船籍の船と当該船舶が衝突し、大けがを負ってしまった。日本に帰国したAはBとCの共同不法行為であるとして、両者に対する損害賠償請求訴訟を日本で提起しようと考えている。この訴訟について日本の国際裁判管轄は認められるか。

（1）併合請求

併合請求とは、1つの訴えで、複数の請求もしくは複数人に対するあるいは複数人からの請求をまとめることをいう。同一の原告と被告との間での複数の請求をまとめて1つの訴えとして提起することを**客観的併合**、数人に対するもしくは複数人からの請求をまとめて1つの訴えとして提起することを**主観的併合**という。請求の併合が認められる場合に、複数の請求のうちの一部や、数人に対するもしくは数人からの請求のうちの一部についてしか日本の裁判所の管轄が認められないことがある。例えば、前者は、AがBに対してα・βの2つの請求にかかる訴えを提起しているとして、このうちαについては債務履行地管轄に基づき日本に国際裁判管轄が認められるが、βについては民訴法3条の3等を根拠にした国際裁判管轄が日本に認められる余地がない、というような場合である。また、後者はCがD・Eに対して日本の裁判所に訴えを提起しようとしており、Dは日本に住所を有しているため日本に国際裁判管轄が認められるが、Eについては3条の2以下の規定に基づく国際裁判管轄が日本に認められる余地がないというような場合である。このような場合に、一部の請求（例えば、上の例でいえば、α請求やDに対する請求）に国際裁判管轄が認められることを根拠に、併合されている請求（上の例でいえば、β請求やEに対する請求）につき国際裁判管轄を認めるのが、併合請求における国際裁判管轄であり、それを定めるのが民訴法3条の6である。以下、このように請求の併合により国際裁判管轄を認める場合につき、客観的併合の場合と主観的併合の場合に分けて説明する。

（2）客観的併合

訴えの客観的併合に基づき日本の裁判所に

国際裁判管轄が認められる場合とは、同一の原告被告の間で、複数の請求を併合している場合であって、そのうちの一部につき日本の国際裁判管轄が認められるが、それ以外の部分につき日本の国際裁判管轄が認められないときに、後者について日本での国際裁判管轄を認める場合をいう。この訴えの客観的併合を原因として国際裁判管轄を認める法制は比較法的にも珍しいものである（例えばEUの財産関係事件に関する国際裁判管轄規則であるブリュッセル Ibis 規則でもその前身のブリュッセル条約の時代からこのような管轄原因は認められたことがない）。

　民訴法3条の6によると、客観的併合を理由として日本の裁判所に国際裁判管轄が認められるためには、①併合されている請求のうちの少なくとも1つにつき、日本の裁判所の国際裁判管轄が認められていること、②日本の裁判所の国際裁判管轄が認められる請求と、国際裁判管轄が認められない請求との間に密接な関連があること、が要求される。平成23年の民訴法改正以前でも客観的併合に基づく国際裁判管轄は比較的広く認められていたが、たとえ同一原被告間の訴訟であったとしても、例えば不法行為に基づく損害賠償請求に、貸金返還請求を併合させるといったような、請求相互間の関連性を欠くような場合には、国際裁判管轄を認めるべきではないとの主張もされていた。判例においても、最判平成13・6・8（民集55巻4号727頁）は、客観的併合に基づいて国際裁判管轄を肯定するためには、請求相互間の密接関連性が必要であるとの判断を下した。この流れを受けて、平成23年改正民訴法では、上述したように客観的併合に基づいて国際裁判管轄を認めるためには請求相互間の関連性を要求すると定めることになった。

　ここで要求される密接関連性とは、事案ごとに判断することにな

る。具体的には、両請求の関連性や請求の基礎となる事実関係の関連性など、両請求を同時に日本で審判することが当事者間の衡平や裁判の適正・迅速に資するか否かを総合的に判断することになろう。

　設例Ⅱ-11-1 については、同一の著作物にかかる、日本での著作権の確認の訴え（財産所在地が日本であるため日本の国際裁判管轄が認められる）と、Ｓ国での著作権の帰属の確認とその侵害についての損害賠償請求であるため、これらの請求相互間の関連性は原則として認められる可能性が高いと思われる。これに対して、**設例Ⅱ-11-2** では、ＡとＢとの間に著作権の利用許諾契約と、それとは全く関係のない賃貸借契約が存在している。前者の利用許諾契約にかかる利用料の支払請求については、その履行地が日本と合意されているため、民訴法３条の３第１号に基づき、日本の国際裁判管轄が認められる。他方、賃貸借契約においては、賃料の支払場所がＳ国と合意されているため、日本に国際裁判管轄が認められる可能性は、民訴法３条の６の併合管轄が認められるかどうかにかかっているといえよう（同法３条の３第１号以外の管轄原因も日本にはなさそうである）。しかし、この事例において、両請求の関連性や、事実関係の関連性に照らしても、利用料の支払請求と、賃料の支払請求との間に密接な関連があるとはいえそうもない。したがって、**設例Ⅱ-11-2** において、賃料の支払請求について客観的併合に基づく併合管轄が認められることは極めて難しいといえる。

　また、専属管轄に関する民訴法３条の10の規定により、法定専属管轄が定められている請求については民訴法３条の６の適用はなく、併合管轄は認められない。**設例Ⅱ-11-3** では特許権の有効確認の訴えが提起されようとしているところ、民訴法３条の５により、特許権の有効確認は登録国の専属管轄であるとされる（条文上は、

日本の専属管轄しか定めていないが、双方的に解する見解が通説といえよう。☞**第Ⅱ章 14.(1)**)。そのため、**設例Ⅱ-11-3** の損害賠償請求については、少なくとも民訴法 3 条の 2 により日本に国際裁判管轄が認められる余地があるが、それと密接関連性が認められる特許権の有効確認の訴えにつき客観的併合に基づく国際裁判管轄が認められることはない。

(3)主観的併合

主観的併合に基づく国際裁判管轄については、平成 23 年民訴法改正以前の判例は原則としてこれを認めず、例外的に、認めることが当事者間の衡平や裁判の適正迅速に資するという特段の事情があれば肯定する、という逆転型の特段の事情論に立つものが多くみられた。しかし現行民訴法 3 条の 8 はこのような立場を採らず、①併合されている請求のうちの少なくとも 1 つにつき、日本の国際裁判管轄が認められていること、②日本の国際裁判管轄が認められる請求と、国際裁判管轄が認められない請求との間に密接な関連があることに加え、③民訴法 38 条前段の定める場合に限り、主観的併合に基づく国際裁判管轄を認めることとした。ここで、民訴法 38 条前段の定める場合とは、(ⅰ)訴訟の目的である権利または義務が数人について共通である場合、もしくは(ⅱ)同一の事実上および法律上の原因に基づく場合のいずれかのことをいう。

ここで問題となるのが、②の請求相互間の密接関連性の要件と③の民訴法 38 条前段の定める要件との関係である。すなわち、民訴法 38 条前段の定める場合に該当すれば、それだけで請求相互間の密接関連性が満たされるのか、あるいは、民訴法 38 条前段の定める場合に該当しても、なお、請求相互間の密接関連性が否定される

場合があり得るのか、という点である。この点、後者の見解を支持する学説も散見されるが、客観的併合のところで説明したように、両請求の関連性や請求の基礎となる事実関係の関連性などを密接関連性判断の要素と考えるのであれば、③の要件が満たされれば一般的には②の要件も満たされると解するのが多数説といえよう。

　設例Ⅱ-11-4 については、ＣのＡに対する請求については民訴法３条の２から国際裁判管轄が認められるが、Ｂについてはいずれの管轄原因も備えていないと思われる。そのため主観的併合に基づく国際裁判管轄が認められるかが問題となるが、ＡとＢに対して請求されている債務は、ＡとＢの連帯債務であり、民訴法38条前段のうち、訴訟の目的である義務が数人について共通である場合に該当する。したがって、原則として主観的併合に基づく国際裁判管轄が認められることとなろう。

　設例Ⅱ-11-5 については、どうであろうか。この場合、Ｃは日本法人であり、Ｃに対する請求については、民訴法３条の２から日本の国際裁判管轄が認められるであろう。しかし、Ｂについては、Ｓ国法人であることや不法行為地は公海上であることを考慮すると、Ｂが日本に一定の財産等を有している場合はともかく、基本的には日本の国際裁判管轄が認められそうにない。それでは、主観的併合に基づく国際裁判管轄はどうか。ＢとＣの船舶が衝突したことによりＡは被害を受けており、Ａの損害を発生させた原因事実の主要部分は同一であり、かつＡの損害賠償請求権の法的根拠も同一と言える。すなわち、民訴法38条前段に定める訴訟の目的である権利または義務が同一の事実上および法律上の原因に基づくときに該当し、原則として主観的併合に基づく国際裁判管轄が日本の裁判所に認められる場合といえよう。

(4)反訴

◆ 設例II-11-6 ◆

　日本に住むYがS国に旅行に出かけ、同地で自転車に乗って観光していたところ、同じくS国に旅行に来ていたX（T国在住）と衝突し、両名とも怪我を負った。XとYとの間で損害賠償について交渉をしたが決着がつかず、XはYに対する損害賠償請求訴訟を日本の裁判所に提起した。これに対して、YはXに対して同じく損害賠償を請求する反訴を提起したいと考えている。この反訴について日本の管轄は認められるか。

◆ 設例II-11-7 ◆

　X（日本在住）はS国特許権を有しているところ、Y（日本在住）が明らかにXのS国特許権を侵害する行為を行ったため、日本の裁判所に特許権の侵害を理由とする損害賠償を求めて訴えを提起した。これを受けて、YはXに対し、当該S国特許権無効の確認を求める反訴を日本の裁判所に提起しようとしている。この反訴について日本の管轄は認められるか。

　反訴とは、ある訴訟で被告として訴えられている者が、同一手続の中で原告に対して提起する訴えのことをいう。この**反訴にかかる国際裁判管轄**については、民訴法146条3項に定められており、反訴の目的となる請求について日本の裁判所が国際裁判管轄を有さない場合でも、「本訴の目的である請求又は防御の方法と密接に関連する請求を目的とする場合に限り」反訴として日本の裁判所に訴えを提起することが可能となる。例えば、**設例II-11-6**において、Y

は日本に住所を有しており、XがYに対して提起した訴え（本訴）について日本に国際裁判管轄が認められるのは間違いがない。他方、YのXに対する訴え（反訴）については、Xの住所が日本にないことや、本件事故はS国で起こっているため不法行為地も日本には認められないこと（民訴法3条の3第8号）などから、差押え可能なXの財産が日本にある（民訴法3条の3第3号）などの事情がない限り、日本の国際裁判管轄を認めることは難しそうである。しかし、同設例におけるXからYに対する損害賠償請求と、YからXに対する損害賠償請求とは同じ事故から発生したものであり、本訴の目的である請求と密接に関連する場合であるということができる。そのため、本設例の反訴は民訴法146条3項の要件を満たし、日本の裁判所での審理が認められる。このように、それ自体単独では日本に国際裁判管轄が認められない訴えにつき、本訴への反訴として提起することにより、日本で裁判することを可能とするのがこの管轄原因である。

　なお、民訴法146条3項但書により、反訴の目的となっている請求につき、日本の裁判所が法定専属管轄（民訴法3条の5）に基づき国際裁判管轄を有さない場合には、反訴にかかる国際裁判管轄は認められない。したがって、**設例Ⅱ-11-7**のように、外国特許権の無効確認の反訴を提起しようとしている場合には反訴に基づく国際裁判管轄は認められない。同設例では、本訴と反訴との間に関連性は認められるが（この場合には防御方法との関連性）、特許権の効力に関する訴えは登録地国の専属管轄に属すると定められているため（民訴法3条の5第3項）、外国登録特許の無効確認の訴えについて日本の国際裁判管轄が認められることはないからである（なお、無効の抗弁は認められることにつき☞**第Ⅱ章14.(4)**）。

12. 管轄合意

◈ **設例Ⅱ-12-1** ◈

　商社である日本法人Aは、S国法人Bとの間で、原糖の売買契約を締結した。BがT国法人であるCと海上運送契約を締結したところ、Cから発行交付を受けた船荷証券には「この運送契約から生じる一切の訴えはT国のU地方裁判所にのみ提起されるべきものとする」と記載されていた。Bはその後Aに当該船荷証券を交付した。ところがCがS国の港から日本の港まで運んだ原糖は、船の不良により濡れてしまい、すべて不良品となってしまった。AはCに対して日本で損害賠償を求める訴えを提起したいと考えている。このAの訴えにつき日本の国際裁判管轄は認められるか。

◈ **設例Ⅱ-12-2** ◈

　電子部品メーカーである日本法人Aは、S国法人Bとの間で製造物供給契約を締結した。AとBとは旧知の関係であったため、特に契約書は交わさなかったが、今回の契約に関して何か問題が起こったら日本の裁判所にのみ訴え提起することにしよう、とのAの担当者からの電子メールでの提案に対して、Bの担当者からそれで結構だとのやり取りがされたのみであった。Aは決められた期日までに電子部品を納入したが、Bからの支払が滞ったため、日本で支払請求訴訟を提起したいと考えている。このAの訴えにつき日本の国際裁判管轄は認められるか。

◈ 設例Ⅱ-12-3 ◈

　電子部品メーカーである日本法人Ａは、Ｓ国法人Ｂとの間で、Ａの有する日本特許権にかかるライセンス契約を締結した。当該ライセンス契約には「本契約から生じる一切の紛争については、Ｓ国Ｔ地方裁判所を専属的管轄裁判所とする」との条項が定められていた。Ｂからのライセンス料の支払が滞り、ＡがＢに対してライセンス料の支払を求めたところ、ＢからはＡの有する特許権の有効性にかかる疑義が申し立てられた。Ａは日本の裁判所に自らの有する特許権の有効性を確認する訴えを提起したが、Ｂはこの特許権の有効性確認の訴えは、ＡＢ間のライセンス契約から生じた紛争であり、有効な管轄合意条項があるため日本の裁判所には国際裁判管轄がないとの抗弁している。この請求につき日本の国際裁判管轄は認められるか。

◈ 設例Ⅱ-12-4 ◈

　日本に住所を有するＡは、Ｓ国のアンティークショップＢから、インターネットを通じて自宅で使用するためのアンティークの食器を購入した。Ａはすぐに代金を支払い、何度もＢに催促をしたものの、１年経っても食器が送られてこない。Ａは日本の裁判所でＢに対する債務の履行を求める訴えを提起しようとしている。Ｂのインターネットサイトでは、購入の際には、必ず契約条項に同意することが求められており、その条項には、「本契約から生じる一切の紛争については、Ｓ国Ｔ地方裁判所を専属的管轄裁判所とする」との記載があった。この場合、Ａの訴えにつき日本の国際裁判管轄は認められるか。

◆ **設例Ⅱ-12-5** ◆

　日本に住所を有する A は、国際線のパイロットとして S 国法人 B との間で労働契約を締結した。なお、労働契約において A の搭乗する国際線は日本と S 国との間の国際線のみとされ、当該労働契約は B の本社（S 国所在）において締結された。半年後、A の勤務態度に問題があるとして B は A を解雇したが、A はこの解雇は不当であるとして日本の裁判所で地位確認の訴えを提起しようとしている。以下の場合にそれぞれ日本の国際裁判管轄は認められるか。

①雇用時に交わした契約書に「本労働契約から生じる一切の紛争は S 国裁判所にのみ訴え提起可能である」との文言が含まれていた場合。

②解雇の際に B が A に手交した解雇確認書において「本解雇後に生じる本契約にかかる一切の紛争は S 国裁判所にのみ訴え提起可能である」とされていた場合。

(1) 管轄の合意

　ここまでみてきた日本の裁判所に国際裁判管轄が認められる根拠は、原則として客観的な事実によって定まるものであった。しかし、準拠法の合意が一定の法律関係について認められているように、裁判をする場所についても当事者間で合意することが認められている。これを**管轄合意**といい、裁判をする場所について合意したことを根拠に認められる管轄を**合意管轄**という。

　管轄の合意には合意した場所でのみ裁判することを認める**専属的管轄合意**（専属管轄合意、あるいは排他的管轄合意ともいう）と、合意した場所以外でも裁判は可能であるが、合意した場所でも裁判を可能とする**付加的管轄合意**とが存在する。国際的な局面でより大きな

問題となるのは、専属管轄合意である。**設例Ⅱ-12-1** における合意は専属管轄合意の典型例である。

　なお、民訴法3条の7の適用にあたっては、民訴法附則2条2項に注意する必要がある。民訴法附則2条1項によれば、改正民訴法施行後に提起された訴えに改正民訴法が適用されるのが原則であるが、民訴法附則2条2項では、民訴法3条の7についてその例外を規定している。すなわち、民訴法附則2条2項によれば、管轄の合意が改正民訴法施行前になされたものであれば、たとえ訴えの提起が同施行後であったとしても、改正民訴法は適用されず、従前の条理（判例法理）に基づいてその有効性が判断されることになる（ちなみに、改正民訴法が施行されたのは平成24年4月1日である）。

> (2) 管轄合意の要件：
> 　　総論

　　　　　　　　民訴法3条の7は有効な管轄合意の要件を定める。すなわち、同条によれば、①一定の法律関係に基づく訴えに関してなされたものであること（同条2項）、②書面でされた合意であること（2項）、③外国の裁判所について専属管轄合意をする場合には当該裁判所が法律上あるいは事実上裁判を行えること（4項）が有効な管轄合意には必要である。また、民訴法3条の10により、日本の裁判所に専属管轄が認められる場合には民訴法3条の7はそもそも適用されないため、④問題となる訴えについて日本の裁判所に専属管轄を認める定めが置かれていないことも要件となる。これらの要件は、①の要件を除き、民訴法改正前に最高裁が下した判決（最判昭和50・11・28民集29巻10号1554頁）で示されたものであり、①の要件が付加されているものの、民訴法の改正前後で実質的に内容が異なることはない。他方、前掲最判昭和50・11・28では管轄の合意が公序に反しないことが求められていたところ、現

行民訴法上この点に関する要件は明文では要求されていない。しかし、この点については、学説上、当然に必要とされるとの見解が通説といえ、この⑤公序要件を含め5つの要件が満たされることが必要である。なお、要件③や④からも明らかであるが、本条は、日本の裁判所に管轄が認められる場合を規律するだけでなく、外国裁判所に管轄合意する場合の有効性についても定めていることに注意が必要である。ただし、本条はあくまでも、日本の裁判所において訴えが提起され、そのなかで外国に管轄を認める合意の有効性が問題となる場合について定めているのであり、外国に専属管轄を認める合意の有効性を認めて日本の国際裁判管轄を否定するかどうかを判断するに止まることになる。他方、外国に管轄を認める合意がその外国において有効とされるか否か、すなわち当該外国でその管轄合意に基づく国際裁判管轄が認められるかという問題は、その外国の裁判所において、その外国の法（国際民訴法）に従って判断されることになる。

> **(3) 管轄合意の要件：**
> **　　各論**

(ア) 一定の法律関係に基づく訴え（要件①）

まず、第1の一定の法律関係に基づく訴えに関してなされたもの、との要件について、当該要件を満たすには、原則として、今後生じる紛争すべて、というような漠然とした記述では足りず、**設例Ⅱ-12-1** の場合におけるように、当該契約から生じる一切の紛争など、特定の法律関係を明示することが求められる。

(イ) 書面性（要件②）

第2の書面性の要件については、条文上、電磁的記録によってさ

れたものであっても書面によってされたものとみなすとされている（民訴法3条の7第3項）ほか、前掲最判昭和50・11・28では「当事者の一方が作成した書面に特定国の裁判所が明示的に指定されて」いれば足りるとされており、現行法の解釈上もこの基準が原則として妥当すると考えられている。このような解釈に照らせば、**設例Ⅱ-12-1**のように契約の一方当事者が作成した書面に記載されている管轄合意も、**設例Ⅱ-12-2**におけるように電子メールのやり取りで記録されている管轄合意も、少なくとも書面性の要件は満たされているといえる。

（ウ）専属管轄合意された外国裁判所が裁判を行えること（要件③）

　第3の要件は、外国裁判所が専属管轄裁判所として指定されている場合に、当該外国裁判所が法律上あるいは事実上裁判を行えることを要求する。これは、当事者の裁判を受ける権利を保障するための要件である。具体的には、例えば当該国の管轄規則上、当該法律関係について裁判所の管轄権が認められない場合や、当該国が天災による被害や、戦乱状態にあるなどの理由で裁判所が事実上機能していない場合などが考えられる。なお、当該外国裁判所が法律上裁判を行えるかどうかを判断するために、当該国の裁判管轄ルールに照らして合意に基づく管轄が認められているかどうかを検討することまでは求められていない。

（エ）日本の裁判所に専属管轄が認められる場合でないこと（要件④）

　第4の日本の裁判所に専属管轄が認められる場合でないこととは、文字通り、民訴法3条の5などに定められるように法定専属管轄が日本の裁判所に認められる場合には、民訴法3条の10により、民

訴法3条の7の適用が排除されている結果、外国裁判所に専属管轄合意してもその効力は認められないということを意味する。専属管轄が法定されているような訴えについては公益性が高く、当事者の合意により管轄権の有無が左右されるのは相当ではないからである。

(オ) 管轄の合意が公序に反しないこと（要件⑤）

この要件については、明文の規定を欠くが、改正民訴法3条の7の下でも必要とされるとする見解が一般的であることは上に述べたとおりである。どのような場合に、管轄合意が公序に反することとなるのかについて、従前の裁判例からも明確な基準を導き出すことは難しい。事案毎に、当事者の経済力や交渉力の差、強行法規の潜脱の可能性なども考慮に入れて検討をすることとなろう。

(カ) 設例へのあてはめ

これらの要件に照らして、**設例Ⅱ-12-1** から**設例Ⅱ-12-3** までの事例を考えてみよう。まず、**設例Ⅱ-12-1** はどうか。①の要件については、本契約から生じる紛争と特定されているので要件を満たす。②の要件についても、上でみたとおり、特に問題はないだろう。③の要件については、S国の法の内容やS国の状況次第である。④の要件については、契約紛争は一般に専属管轄が認められる事例ではないので、満たしており、特に⑤の公序が問題となる事由も認められない。以上から、**設例Ⅱ-12-1** における専属的管轄合意は原則として有効として認められ、当該訴えについて日本の裁判所に国際裁判管轄が認められることはない。

また、**設例Ⅱ-12-2** については、すでに上でみたとおり、②の書面性の要件は電磁的記録であることから認められる（民訴法3条の

7第3項）。①の要件も特に問題はなく、③については外国裁判所への専属管轄合意でないことから、④については日本の裁判所の専属管轄が問題となる事例でないことからそれぞれ検討する必要はない。したがって、このAB間の合意が公序に反する事情がない限り、原則として日本に管轄合意に基づく国際裁判管轄が認められることになり、この場合特別の事情の考慮も必要ない。

　他方、**設例Ⅱ-12-3**については、特許権の有効性確認の訴えは、当該特許権が日本で登録されていれば日本の裁判所に専属管轄が認められている（民訴法3条の5第3項☞**第Ⅱ章**14.(4)）。したがって、ライセンス契約に関してどのような管轄合意がされていたとしても、日本で登録された特許権の有効性を確認する訴えについては、管轄合意と無関係に、日本の裁判所でのみ訴え提起が可能となる。

(4) 管轄合意の有効性判断の準拠法

　管轄合意も法律行為の1つであり、その有効性が問題となる場合、いずれの国の法によって判断すべきか、準拠法決定の問題が生じる。この点、明文規定は置かれておらず、解釈に委ねられているが、管轄合意の対象となった国の法によるべきとする説と契約準拠法説が対立しており、契約準拠法説が有力といえる。

(5) 合意管轄における経済的弱者保護

　消費者契約における消費者や労働契約における労働者のような経済的弱者を管轄決定上保護する規定については、すでに民訴法3条の4で紹介した通りである。これら経済的弱者については、同条による保護に加え、知識や経済力、交渉力の差の大きさに鑑み、合意管轄においても保護のための特別規定が設けられている。なお、いずれの場合も将来において生ずる紛争の管轄

合意を対象とするものであり、既に発生している紛争に関する管轄合意は保護の対象とならないことに注意が必要である。

(ア) 消費者契約の特則

合意管轄にかかる消費者契約の特則は、民訴法3条の7第5項に定められている。同項によると、将来において生ずる消費者契約に関する紛争を対象とする管轄合意は原則として効力を有しない。ただし、①消費者契約締結時の消費者の住所地国に訴えを提起することができる旨の合意である場合（民訴法3条の7第5項1号）や、②消費者契約締結時の消費者の住所地国以外の国の裁判所の管轄が合意されている場合であっても、消費者がその合意に基づいてその国で訴えを提起したか、消費者が他国で訴えられた場合にその合意を援用した場合（民訴法3条の7第5項2号）には当該合意は例外的に有効なものとなる。

①の場合は消費者にとっても予測可能であり、かつ、応訴することが困難とはいえないため、とされる。なお、消費者契約締結時の消費者の住所地国裁判所への管轄合意は有効となるが、専属的管轄合意であっても付加的管轄合意としての効力しか認められない。したがって、仮に契約締結時の消費者の住所地である外国にのみ裁判をすることができる旨の合意をしていたとしても、訴え提起時に消費者が日本に住所を有している場合には、民訴法3条の4第1項に従い、日本で事業者に対して訴え提起することができる。②の場合については、消費者が自ら管轄合意を援用して合意した国で訴えを提起したり、あるいは、事業者から合意した国以外で訴えを提起された場合に消費者が管轄合意を援用してその国で訴えの却下を求めたりしていることに照らせば、消費者と事業者による管轄合意の有

効性を認めても、もはや消費者の利益を損なうことがないと考えられる。また、事業者から管轄合意した国以外で訴えを提起された場合に、管轄合意の有効性を前提として消費者が自らその援用を行うことを認めた以上は、その後、事業者が管轄を合意した国で消費者を訴えた場合において、消費者にその管轄合意の有効性を否定するような主張を許容するのは適切でもないであろう（抵触法上の信義則・禁反言の一種である）。

　設例Ⅱ-12-4 については、日本に住所を有する消費者に対して住所地国以外の国の裁判所への管轄合意を求めたものであり、原則として効力が認められない。もちろん、消費者Ａが当該合意に基づきＳ国で訴えを提起するか、Ａが事業者Ｂからｓ国以外の国（日本も含む）で訴えられたときにこの合意を援用してＳ国での裁判を求めたりすれば、例外的に合意が有効なものとなるが、**設例Ⅱ-12-4** のＡは日本での裁判を望んでおり、これらの事情には当たらない。したがって、管轄合意の効力は否定され、民訴法3条の4第1項に基づき、日本での裁判が認められることになる。

（イ）労働契約の特則

　合意管轄にかかる労働契約の特則は、民訴法3条の7第6項に定められている。同項によると、将来において生ずる労働契約に関する紛争を対象とする管轄合意は、それが契約終了時になされたものでなければ原則として効力を有しない。労働契約関係において例外的に管轄合意が有効と認められるのは、①労働契約の終了時の合意であって、かつ、その時点の労務提供地国への管轄合意であるか、②①の2つの要件が満たされない場合であっても、労働者がその合意に基づいてその国で訴えを提起したか、労働者が他国で訴えられた場

合にその合意を援用した場合にのみである。このうち②が認められるのは消費者契約と同様である。さらに、労働契約終了時になされた、その時点での労務提供地国への管轄合意は有効となるが、専属的管轄合意であっても付加的管轄合意としての効力しか認められないことも消費者契約の場合と同様である。

このように労働契約については概ね消費者保護と同じ保護が与えられているが、合意の時期についても厳しい制限が置かれていることが大きな違いである。これは、第1に、労働契約の締結交渉や締結時点、および雇用契約期間内における労働者と事業者との交渉力の差と、労働契約終了時点でのそれとを比べると、後者の時点での交渉力の差の方が相対的に小さいと思われること、第2に、労働契約終了後に労働者の競業避止義務違反や秘密漏洩等の不法行為が発覚した場合など、事業者側に労務提供地で労働者に対する訴え提起や訴訟追行の機会を確保する一定の必要があると考えられることなどの理由からであるとされる（管轄合意が認められなければ、事業者は労働者の住所地でしか訴えることができない（民訴法3条の4第3項））。

設例Ⅱ-12-5 においては、①の管轄合意は、労働契約終了時ではなく労働契約締結時にされている。そのため労働者であるAがそれを利用するかそれを援用しない限りそもそも効力が認められないことになる。他方②の管轄合意は、労働契約終了時にされており、かつその時点での労務提供地の1つであるS国への管轄合意であるため、上記(イ)の2要件は満たす。しかし、当該合意には専属性は認められずあくまでも付加的な合意としてしか効力を認められない。したがって、①②いずれの場合も、民訴法3条の4第2項に従い、労務提供地の1つである日本の国際裁判管轄が認められることとなる。

コラム8　国際私法における経済的弱者保護

　本文中でも若干説明したが、国際裁判管轄決定における経済的弱者保護の対象となるのは、法適用通則法と全く同じ消費者契約における消費者と、労働契約における労働者である。しかし、その保護のあり方については、準拠法決定ルールである法適用通則法と、国際裁判管轄決定ルールである民訴法とでは大きく異なっている部分があるため、しっかりと分けて理解することが必要である。

　まず、消費者保護のあり方をそれぞれみてみよう。法適用通則法上は、消費者契約であっても準拠法合意は原則として法適用通則法7条によって認められている。消費者は自らの常居所地法が準拠法として合意されている場合には、その規律に全面的に従うことになる。それに対して、自らの常居所地法以外の法が準拠法として合意されている場合には、自らの常居所地法中の強行規定の適用を意思表示して、契約準拠法に加えてその強行規定の適用を受けることも可能となる。それに対して、管轄合意は、反対に消費者の契約締結時の住所地以外の国への合意であれば原則として無効となる。つまり、当事者の合意の許される範囲が国際裁判管轄の局面では極めて制限的となっている。その一方、消費者保護の特別ルールについて、法適用通則法では11条6項によって保護されない消費者の類型を示すのに対して、民訴法では3条の4、3条の7第5項いずれにおいても保護されない消費者に関する規定はない。国際裁判管轄における消費者保護は、準拠法決定におけるそれよりかなり広いということができるだろう。

　労働者保護のあり方についてはどうであろうか。法適用通則法上は、労働契約においても原則として準拠法合意は認められており、その準拠法として指定されている法が労務提供地法であればその規律に全面的に従い、労務提供地法以外の法が準拠法として合意されている場合には、労働者が労務提供地法中の強行規定の適用を意思表示すればその強行規定を準拠法に加えて適用することとなる。他

方、労働者との管轄合意については、労働契約終了時になされたものでなければ原則として無効である。労働契約終了時になされた管轄合意であったとしても、その時点での労務提供地国以外への管轄の合意は原則として無効となる。つまり、労働契約においても、管轄の合意が認められる範囲は、準拠法合意が認められる範囲よりも格段に狭い。

　なお、これら消費者や労働者の保護については、仲裁法においても図られており、仲裁法附則3条に消費者に関する仲裁法の特則、同4条に労働者に関する特則が定められている。消費者契約に関する仲裁合意は無効とはならないものの、消費者には解除権が認められており（同3条2項）、仲裁手続が開始された場合でも消費者に対する手続上の配慮が求められ（同条3項ないし6項）、かつ、消費者が口頭審理の期日に出頭しなければ仲裁合意を解除したものとみなされる（同条7項）。これに対して、将来において生ずる個別労働関係紛争を対象とする仲裁合意は無効となり、例外は認められない（仲裁法附則4条）。

13.　応訴管轄

> ### ◆ 設例Ⅱ-13-1 ◆
>
> 　日本に住むＡとＳ国に住むＢとはビジネスパートナーである。この度2人で経営していたＴ国向けのビジネスがうまく回らなくなってその事業の清算を行うことになった。Ｂが清算手続を差配し、最終的に100万円の残余金が発生した。当初の口約束ではこのような場合残余金は折半するということになっていたが、Ｂはなかなか残余金の半額を支払おうとしない。そこで、ＡはＢに対して当該金銭の支払いを求めて日本の裁判所に訴えを提起した。Ｂは日本に一切財産を有せず、2人で経営していたビジネスも日本での事業とは全く関係ない。2人の間で特段当該ビジネスにかかる契約書も存在しておらず、当該ビジネスにかかる契約の準拠法に関する合意もなかったが、Ｂは日本の国際裁判管轄を争うことなく、自らにはそのような金銭を支払う債務は存在していないと主張している。この場合日本の国際裁判管轄を認めてもよいか。

　すでに触れたように（☞**第Ⅱ章 12.**）、当事者双方が書面で明示にどこで裁判をするかについて合意をしたことによって発生するのが合意管轄であるが、書面で明示に合意をせずとも、日本の裁判所の国際裁判管轄の有無について争わずに、本案の弁論をするなどしたことで日本の裁判所の国際裁判管轄が認められることがある。このようにして発生する管轄を**応訴管轄**といい、民訴法3条の8に定められている。

　同条によると、被告が日本が国際裁判管轄を有しない旨の抗弁を提出せずに、本案について弁論するか、弁論準備手続において申述をした場合には、そのこと自体で、日本の国際裁判管轄が発生する

ことになる。この場合には、被告が自発的に日本の国際裁判管轄に服したと考えられるからである。この応訴管轄は、どのような紛争についても認められるため、例えば訴え提起時に消費者の住所が日本にないにもかかわらず、事業者が当該消費者に対する訴えを日本の裁判所に提起した場合、消費者が国際裁判管轄を争わずに本案の弁論を進めたとすると、原則として応訴管轄が認められることになる。また、民訴法3条の8は、国内土地管轄における応訴管轄を定める民訴法12条と異なり、応訴管轄の発生を第1審裁判所に限定してはいない。したがって、第1審裁判所では管轄を争っていたが、控訴審では管轄を争わず本案の弁論を進めた場合には、控訴審で応訴管轄が発生することになる。ただし、民訴法3条の10に注意が必要である。すなわち同条によれば、日本の裁判所に法律上専属管轄が認められる場合には応訴管轄が否定されるとされており、その反射的効果として、民訴法3条の5に基づく専属管轄が日本以外の国の裁判所に認められる場合には、応訴管轄が日本の裁判所に発生することはないとされる。

　設例Ⅱ-13-1では、Bは本来であれば日本で国際裁判管轄が認められる可能性が低かったにもかかわらず、それを争わずに本案の弁論を進めている。したがって、応訴管轄が発生したと考えられ、日本の国際裁判管轄は認められることになる。

14.　法定専属管轄

◆ 設例Ⅱ-14-1 ◆

　日本企業であるYは、発明 a について、日本と甲国の双方で特許権を有していた。甲国企業のXとYは、Yが保有する日本と甲国の双方の特許権をXに譲渡する旨の合意書を作成したが、Yは、合意は錯誤により無効であるか、詐欺により取り消されるべきであると主張している。そのようななかで、Xは、紛争を裁判で解決するため、Yが保有する発明 a についての日本と甲国の特許権の移転登録を求める訴えを提起した。

(1) 概説

　　　　　　　　　民訴法3条の5では、会社の組織に関する訴え等（1項）、登記または登録に関する訴え（2項）、設定の登録により発生する知的財産権（登録型知的財産権）の存否・効力に関する訴え（3項）について、日本の裁判所に国際裁判管轄が専属すること（**法定専属管轄**）を規定している。これらの類型の訴えに法定専属管轄を認める根拠としては、いずれの訴えも日本と密接に関係するものであり、特に、日本の公益と強く関係する点で日本の国家的関心の強い問題についてのものであることから、日本の裁判所でのみ審理を行うべきであることを挙げることができる。また、日本に法定専属管轄を認めることで、裁判における実体判断について確実に日本法を適用し、問題の実体的規律に対する日本の国家的関心を実現することができることも、法定専属管轄を認める根拠として指摘される。さらに、法律関係の画一的処理の必要性が高いことも、日本に法定専属管轄を認めることを基礎付けると考えられている。

これらの類型の訴えについては、それぞれを対象とする規定のみによって日本の国際裁判管轄の有無が判断され、他の国際裁判管轄に関する規定の適用はない（民訴法3条の10）。その結果、例えば、これらの類型に該当する訴えについて当事者間で管轄合意（同3条の7）をしたとしても、当該合意は無効となる。

日本に国際裁判管轄が専属する場合には、日本の国際民訴法上、外国の国際裁判管轄は否定されることとなる。その結果、仮に、日本に国際裁判管轄が専属する訴えについて外国の裁判所が判決を下したとしても、当該外国判決は、日本における承認のための要件である国際裁判管轄の要件（間接管轄。民訴法118条1号☞**第Ⅶ章5.**）を満たさず、日本では効力が認められないこととなる（名古屋高判平成25・5・17平成24年（ネ）第1289号参照）。例えば、**設例Ⅱ-14-1** の事案で、Xが甲国の裁判所に甲国と日本の双方の特許権の移転登録を求める訴えを提起し、X勝訴の判決が下されたとしても、甲国判決のうち、発明 α の日本の特許権の移転登録を命ずる部分については、間接管轄の要件を満たさず、日本で効力を有しないこととなる。

また、民訴法3条の5はあくまで日本が専属管轄を有する場合を規定するのみであるが、一般的には、外国特許の存否・効力に関する訴え等、外国に関する同種の訴えについても、当該外国に法定専属管轄を認める趣旨であると解されている。このような理解は、形式的には、民訴法3条の10によって同条の対象とする訴えについては他の国際裁判管轄に関する条文が適用されないことによって基礎づけられる。また、実質的にも、日本の国際民訴法の視点からすると、民訴法がこれらの訴えについて日本に法定専属管轄を認める趣旨は外国に関する同種の訴えにも当てはまり、内外国の国際裁判

管轄の配分の平等に基づき規定を双方的に（日本の裁判所の専属管轄と同様に外国の裁判所の専属管轄を定めるものと）理解すべきことによって、基礎付けられている。このように理解する場合、そのような外国に関する同種の訴えについては、日本の国際裁判管轄が否定されることとなる。例えば、**設例Ⅱ-14-1** の事案でＸが日本の裁判所に発明 *a* の日本と甲国の特許権の双方について移転登録を求める訴えを提起したとしても、日本の特許権の移転登録請求の訴えについては国際裁判管轄が認められるものの、甲国の特許権に関する訴えについては国際裁判管轄が認められないこととなる。ただし、法定専属管轄が認められる外国が日本と同じように本条に規定されている事項について強い関心を有するとは限らず、日本での訴えを常に否定することは合理的でないことや、**設例Ⅱ-14-1** のような事案における一体的な紛争解決に対する当事者の期待等の当事者の利益の保護を実現するためにも日本での裁判の可能性を否定すべきでないことを指摘して、このような理解に疑問を呈する見解も主張されている。

（2）会社の組織に関する訴え等

　民訴法３条の５第１項では、会社法第７編第２章に規定する訴え（同章第４節および第６節に規定するものを除く）および一般社団法人及び一般財団法人に関する法律第６章第２節に規定する訴えその他これらの法令以外の日本の法令により設立された社団または財団に関する訴えでこれらに準ずるものの国際裁判管轄が日本に専属することを規定している。これらの会社その他の団体に関する訴えに関しては、法律関係の画一的処理の必要性が高く、場合によっては判決に対世効が認められることもあるため、団体が日本法に準拠して設立された場合について、日本に法定専属

管轄を認めたものである。

会社法第7編第2章に規定される訴えは、会社の組織に関する訴え（同章第1節）や株式会社における責任追及等の訴え（同章第2節）等である。国内管轄としても、これらの訴えは会社の本店所在地の専属管轄が認められている（会社法835条等）。なお、会社法に特段の規定のない取締役の地位不存在確認の訴えや、取締役会決議無効・不存在確認の訴えについても、対世効のある判決が下され、法律関係の画一的処理が必要であることから、本項が類推適用されると解されている。

専属管轄の対象から除外される会社法第7編第2章第4節と第6節は、それぞれ、特別清算に関する訴えと、清算持分会社の財産処分の取消しの訴えである。特別清算に関する訴えは、倒産手続に類する特別清算手続に直接に関連する役員等の責任の免除の取消し・役員等責任査定決定に対する異議の訴えであり、他の訴えとは性質が異なることから、民訴法3条の5第1項の対象とされていないが、日本で特別清算手続がされている（日本の裁判所が特別清算裁判所となっている）限りにおいて、当該手続に関連するこれらの訴えの国際裁判管轄は、常に日本の裁判所に認められると考えられる。清算持分会社の財産処分の取消しの訴えは、通常の詐害行為取消しの訴えと同趣旨のものであり、法定専属管轄とする必要がないことから同項の対象とされていない。

なお、株式会社から取締役に対する任務懈怠に基づく責任追及の訴えのように、ある訴えが、文言上、民訴法3条の5第1項のみならず民訴法3条の3第7号にも該当する場合があるが、このような訴えについては、法定専属管轄規定である本条の適用が優先されると解されている。

　一般社団法人及び一般財団法人に関する法律第6章第2節に規定される訴えは、一般社団法人等の組織に関する訴え、一般社団法人における責任追及の訴えおよび一般社団法人等の役員等の解任の訴えであり、会社の場合と同様に、法人が日本法に準拠して設立された場合について、日本に専属管轄を認める趣旨である。

　民訴法3条の5第1項は、あくまで日本法に準拠して設立された法人である社団または財団に限定され、権利能力なき社団・財団に対する直接適用はない。これは、法人類似の団体と同様の画一的処理の必要性はないとの考え方に基づくものである。ただし、法人類似の団体であって法律関係の画一的処理の要請が特に高く、対世効が認められるような訴えについては、本条の類推適用があり得るとする考え方もある。

　なお、外国法に準拠して設立された法人等の団体に関するこれらの訴えについて日本の国際裁判管轄は否定されると解する場合には、外国の会社法等に規定される訴えについて、日本の国際民訴法の観点から専属管轄を認めるべき民訴法3条の5第1項の訴えに該当するか、性質決定を行う必要がある。この性質決定については、当該訴えについて設立準拠法所属国である外国の裁判所における画一的処理が必要か否か、当該訴えに基づいて下される判決に対世効が認められるかといった点を考慮して、判断することとなろう。

(3) 登記または登録に関する訴え

　民訴法3条の5第2項では、登記または登録に関する訴えについて、登記または登録をすべき地が日本国内であるときに、日本の裁判所に専属管轄を認めている。登記制度・登録制度は、公簿への一定の事項の記載により権利関係等を公示することを目的とする制度であり、当該制度が存する社会における公益

と密接に関係するものであることから、法定専属管轄が規定されたものである。

本項が対象とする訴えには、不動産登記請求の訴え等、登記または登録の手続をすべきことの意思表示を義務者に求める訴えや、登記または登録の義務の確認を求める訴えが含まれる。ただし、不動産の所有権等の確認を求める訴えは、登記を求める前提のものであっても、専属管轄の対象とはなっていない。また、知的財産権の登録に関する訴えも、本項の対象である。**設例Ⅱ-14-1** の事案で問題となる特許権の移転登録請求の訴えについても、あくまで本項の対象である（3項の対象ではない）。

なお、一般的には、売買契約に基づく不動産所有権の移転登記請求の訴えや、譲渡契約に基づく特許権の移転登録請求の訴え等、契約に基づく権利移転の登記・登録の請求を目的とする訴えについても、本項の対象となると解されている。ただし、あくまで裁判で問題となるのは不動産の売買契約や特許権の譲渡契約の有効性に過ぎないことからすると、この類型の訴えを本項の対象とすることについては異論もあり得よう。また、この類型の外国に関する訴えについては、前述のとおり、外国に法定専属管轄が認められ、日本の国際裁判管轄が否定されると一般的に解されているが、このような理解を否定し、日本の裁判所で審理する可能性を認める見解もある。なお、東京地判平成 27・3・31（平成 24 年（ワ）30809 号）では、贈与契約に基づくフランスに所在する不動産の所有権移転登記について、贈与契約の詐害行為取消しを認め、その抹消登記手続を命ずる判決が下されている。

**(4) 登録型知的財産権の存否
または効力に関する訴え**　民訴法 3 条の 5 第 3 項は、「特許権、

実用新案権、育成者権、意匠権、著作権、商標権その他の知的財産に関して法令により定められた権利又は法律上保護される利益に係る権利」（知的財産基本法2条2項）である知的財産権のうち、設定の登録により発生する登録型のものの存否または効力に関する訴えについて、登録地が日本である場合に、国際裁判管轄が日本の裁判所に専属することを規定する。実体法上の属地主義の原則によれば、日本で登録された知的財産権とは日本国内で効力を有する日本法に基づく知的財産権のことであるため、この規定は、第一義的には、日本法に基づく登録型知的財産権の存否または効力に関する訴えについて、日本に専属管轄を認める意義を有する。

　ただし、例えば、日本の特許権については、特許無効審判事件等が特許庁での行政審判手続として扱われ、審決に対する不服申立手続となる審決取消訴訟等も行政事件訴訟法の規律を受けるため、その存否または効力に関する訴えについて直接的に本項が問題となることは想定されない。本項の趣旨は、むしろ、日本の裁判所に外国の登録型知的財産権の存否または効力に関する訴えが提起された場合に、国際裁判管轄が認められないとして却下すること、および日本の登録型知的財産権の存否または効力に関する裁判が外国で行われた場合に、当該外国判決について間接管轄を認めず、日本での承認を否定することにあると解される。

　登録型知的財産権の「存否又は効力」に関する訴えには、知的財産権の不存在確認の訴えや無効確認の訴えが含まれる。他方で、知的財産権の帰属に関する訴えはこれに含まれない。また、知的財産権の侵害に基づく損害賠償請求や差止請求の訴えについても、民訴法中に国際裁判管轄規定が設けられる以前において不法行為に関する訴えと性質決定され、専属管轄が認められる類型の訴えとは解さ

れていなかった（例えば、知財高判平成 22・9・15 判タ 1340 号 265 頁
参照）ことに鑑みると、現在の民訴法 3 条の 5 第 3 項の解釈として
もこれらを含まないと解することとなろう。なお、外国の知的財産
権の侵害に基づく損害賠償請求訴訟・差止請求訴訟のなかで特許無
効の抗弁等の特許権の存否または効力に関する主張がされる場合も
あるが、このような主張がされ得ることと訴え自体の国際裁判管轄
の存否とは無関係である。

15. 特別の事情による訴えの却下

◆ 設例Ⅱ-15-1 ◆

　甲国にあるカジノ運営会社であるYの株式の20％を有する甲国法人Aは、日本の株式会社 X₁ の100％子会社であった。そのため、X₁ の代表取締役であった X₂ も、Yの取締役となっていた。しかし、Yの取締役会は、第三国で贈賄を行った X₂ が経営に関与すると甲国でのカジノ運営の免許を剥奪されるおそれがあるとして、強制的にAの株式を償還し、X₂ を取締役から解任する決議を行い、当該決議およびその理由はYのウェブサイトに掲示された。そして、Yは、A、X₁ および X₂ に対してYが合法的かつ定款に忠実に行動したことの確認を求めて、また、X₂ に対して信認義務違反に基づく損害賠償を求めて、甲国の裁判所に訴えを提起した。これに対して、X₁ および X₂ は、贈賄は事実無根であり、取締役会決議は無効であるとして、Yに対して取締役会決議の履行の差止めと、損害賠償を求める反訴を提起した。また、甲国での訴えとは別に、Yのウェブサイトに掲載された情報によって、名誉および営業上の信用を毀損されたとして、日本の裁判所に、不法行為に基づく損害賠償を求める訴えを提起した。

(1) 概説

　民訴法3条の9は、ある訴えについて、いずれかの管轄原因に基づいて日本の国際裁判管轄が認められる場合であっても、日本の裁判所が審理および裁判をすることが当事者間の衡平を害し、または適正かつ迅速な審理の実現を妨げることとなる**特別の事情**があると認められるときは、訴えの全部または一部を却下することができることを規定している。日本における国際裁判

管轄の判断は、管轄原因となる特定の事実関係のみに着目してされることとなり、事案における他の事情は考慮されない。しかし、考慮されない他の事情の如何によっては、具体的な訴えについて、仮にいずれかの管轄原因に基づいて国際裁判管轄が認められるとしても、日本における審理および裁判が適切ではない場合も生じ得ると考えられる。例えば、**設例Ⅱ-15-1**の事案においても、確かに、世界中からアクセス可能なYのウェブサイト上に情報が公開されたことによる名誉および営業上の信用の毀損に基づく損害賠償請求については、不法行為地管轄（民訴法3条の3第8号）に基づいて日本の国際裁判管轄は肯定されそうである。しかし、甲国の裁判所でX等とYとの間の中心的な紛争が扱われていることに鑑みれば、名誉および営業上の信用の毀損に基づく損害賠償請求の訴えについても甲国の裁判所での審理が合理的である。そして、これを日本の裁判所で審理することは、甲国に証拠が所在することや、Yに過度な応訴の負担をかけることから、当事者間の衡平を害し、または適正かつ迅速な審理の実現を妨げることとなるといえよう。このような場合に、日本の裁判所が訴えを却下し、外国の裁判所に紛争解決を委ねることを可能とするのが民訴法3条の9であり、日本の裁判所で審理および裁判をするかの判断について個別の事案における具体的事情の考慮を認めることで、判断の柔軟性および具体的妥当性の確保を実現している（最判平成28・3・10民集70巻3号846頁参照）。

　ただし、日本の裁判所にのみ訴えを提起することができる旨の合意に基づいて日本の裁判所に訴えが提起された場合には、特別の事情によって訴えを却下されることはない（民訴法3条の9括弧書）。当該合意が有効であり、外国裁判所においても合意の効力を尊重して訴えを却下することが想定されるにもかかわらず、日本の裁判所

での裁判を否定することは、当事者の裁判を受ける権利の保障の点で問題があるためである。また、日本の国際裁判管轄が法定専属管轄規定に基づく場合（民訴法3条の5参照）には、民訴法3条の9の適用は排除されている（民訴法3条の10）。

　民訴法中の国際裁判管轄規定が設けられる以前においても、判例法において、**特段の事情**の法理が形成され（最判平成9・11・11民集51巻10号4055頁）、事案における具体的事情を勘案して、国際裁判管轄を否定すべき特段の事情があれば訴えを却下することで、柔軟な国際裁判管轄の判断が実現されていた。民訴法3条の9は、基本的にそのような判例法の考え方を現行民訴法のもとでも維持する規定と位置づけられる。ただし、従来の判例法において、特段の事情の法理は、民訴法中の国内土地管轄規定からの逆推知による国際裁判管轄の判断を前提として、実質的な国内土地管轄規定による国際裁判管轄の判断の不都合を解決するために用いられていたが、民訴法3条の9の特別の事情は、現行の民訴法中の国際裁判管轄に特化した管轄規定の適用を前提とするものであることから、実際には、特別の事情に基づいて訴えが却下される場合は、特段の事情の法理が適用された場合と比べて、かなり限定的となると考えられる。また、従来の裁判例においては、ある訴えについて併合請求の裁判籍の要件のみが存在している場合に、日本の裁判所で裁判を行うことが当事者間の公平、裁判の適正・迅速を期するという理念に適合するものと認められる特段の事情（国際裁判管轄を認める特段の事情）が存在するかを検討したものもあった（東京高判平成8・12・25高民集49巻3号109頁参照）が、民訴法3条の9の特別の事情は、あくまで、当該事情に基づいて訴えを却下するためだけのものである。このように従来の判例法の特段の事情の法理と民訴法3条の9にお

ける特別の事情による訴えの却下は異なる点もあるが、双方が日本
での審理および裁判をすべきかについての柔軟な判断を可能とし、
判断の具体的妥当性を確保する機能を有する点では共通するもので
ある。

　民訴法3条の9による訴えの却下のための要件は、特別の事情の
存在である。ただし、条文の文言上は、「訴えについて日本の裁判
所が管轄権を有すること」が前提とされている。従来の判例法にお
ける特段の事情の法理の適用として、原則的な国際裁判管轄の有無
を判断せずに、特段の事情の有無という事案の諸事情を考慮しての
総合的な判断のみに依拠することに対して法的安定性を害するとい
った批判があったことに鑑みると、民訴法3条の9の適用にあたっ
ても、まず原則的に何らかの管轄原因に基づいて日本の裁判所に国
際裁判管轄が認められるかを判断したうえで、それが認められる場
合にのみ、特別の事情の有無を問題とすることが適切であろう。た
だし、法律論としては、特別の事情が認められる場合に、原則的な
国際裁判管轄の有無の判断を行わずに訴えを却下することも可能で
あるし、実際に原則的な国際裁判管轄の判断を留保しつつ、特別の
事情を認定して訴えを却下した事例（知財高判平成29・12・25平成
29年（ネ）第10081号）もある。

　特別の事情が認められる場合には、訴えが却下されることとなる。
民訴法3条の9による訴えの却下は、特別の事情がある場合には国
際裁判管轄が否定されることに基づくと解される。特別の事情が認
められる場合には、裁判所が訴えを却下しなければ当事者間の衡平
を害し、または適正かつ迅速な審理の実現が妨げられることとなる
ため、常に訴えを却下すべきであり、特別の事情の存在は訴え却下
の法律要件と位置付けられる。そして、このような場合に訴えを却

107

下する理論的根拠が何かを問うとすれば、特別の事情を従来の判例法における特段の事情の法理と連続的に理解して、国際裁判管轄を否定すべき事情と解することが最も自然であろう。この点、訴えを却下することができるという規定について、英米法におけるフォーラム・ノン・コンビニエンスの法理と同様に、国際裁判管轄が認められることを前提に、裁判所の裁量的な管轄権の不行使を認めるものと解する可能性もある。しかし、裁判所にそのような裁量を認めること、特に、民訴法3条の9に規定される特別の事情があるにもかかわらず裁量的に裁判を行う可能性を認めることは問題であろう。また、そもそも、国際裁判管轄が認められるにもかかわらず訴えを却下することの理論的根拠について、なお検討を要するように思われる。例えば、仮にこの根拠をより便宜な外国裁判所での裁判を優先することと捉えるとすれば、外国裁判所での裁判の優先が現在の民訴法3条の9のような非常に例外的かつ限定的な場合にしか認められないことでよいのか、すなわち日本での裁判が当事者間の衡平を害し、または適正かつ迅速な審理の実現が妨げられることとなる場合にしか外国裁判所での裁判を考慮しての却下が認められないことでよいのかが問題となる。この却下の理論的な位置付けについては、なお検討すべき課題であると考えられるが、基本的には、国際裁判管轄の否定を意味すると解することが最も適切であると考えられる（前掲最判平成28・3・10の原審である東京高判平成26・6・1民集70巻3号913頁も、特別の事情を認めたうえで、「我が国の国際裁判管轄を認めることができない」と言及している）。

(2)特別の事情と管轄原因

特別の事情による訴えの却下は、法定専属管轄規定および専属的管轄合意によって国際裁判管轄が認められる

場合を除き、いずれの管轄原因によって国際裁判管轄が認められるかにかかわりなく、常に検討されることとなる。原則として民訴法3条の2に基づいて被告の本拠が日本にあることから日本の国際裁判管轄が認められる場合であっても、特別の事情を認定して訴えを却下することはあり得る（東京地判平成30・1・24判タ1465号250頁 ☞**第Ⅱ章2.(4)(ウ)**）。

　ただし、国際裁判管轄がいずれの管轄原因に基づくかによって、日本と事案との関連性が異なる以上、特別の事情が認められる可能性は変わり得ると考えられる。例えば、不動産に関する訴えについて不動産が日本国内にあることを管轄原因とする場合（民訴法3条の3第11号）には、事案の性質に鑑みると、特別の事情が認められる可能性は低いであろう。また、原告の訴えに対して被告が応訴した場合（民訴法3条の8）にも、被告が応訴による負担を受け入れている以上、同様に、特別の事情が認められる可能性は低いと考えられる。他方で、金銭の支払を請求する訴えについて、差し押さえることができる被告の財産が日本国内にあることを管轄原因とする場合（民訴法3条の3第3号参照）には、裁判とは無関係な被告の財産の所在のみでも国際裁判管轄が認められるため、本案判断のための証拠の収集等が困難な場合も生じやすく、特別の事情が認められる可能性は相対的には高いといえよう。また、外国で締結された国内的な消費者契約であっても、契約後の消費者の住所の変更によって訴え提起時にその住所が日本国内にあれば、消費者が事業者に対して提起する消費者契約に関する訴えについて原則的に国際裁判管轄は認められる（民訴法3条の4第1項）。しかし、このような消費者契約に関する訴えについては、日本との関連性が希薄であろうし、被告となる事業者の応訴の負担に鑑みると、やはり相対的には特別

の事情が認められる可能性が高いと考えられる。

| (3)特別の事情の認定の
　　ために考慮される事情 |

民訴法3条の9においては、特別の事情の認定にあたって考慮される事情として、「事案の性質、応訴による被告の負担の程度、証拠の所在地その他の事情」が挙げられる。事案の性質とは、一般的に請求の内容や、事案に関係する客観的な事情を指すと解されている。応訴による被告の負担の程度としては、日本での裁判について被告が十分に対応することができるか否かに関する事情や、日本での裁判についての被告の予見可能性に関する事情といった当事者に関する事情が考慮される。また、証拠の所在地とは、物的証拠や証人の所在地のことであり、証拠調べ等の裁判手続を円滑に行うことができるかに関する事情も、考慮の対象となる。その他の事情としては、例えば、関連する訴訟が外国で係属していることも考慮されてきた（☞後述(4)）。例えば、**設例Ⅱ-15-1**のような事案で民訴法3条の9によって訴えを却下するとすれば、甲国に証拠が集中し、日本の裁判所での適正かつ迅速な審理が困難であることや、甲国で当事者間の中心的な紛争についての裁判が行われており、さらにYに日本での裁判に応訴させることは、被告の応訴の負担の点で問題があることといった事情が考慮されるであろう。これらの事情も含めた諸事情の考慮に基づく総合判断によって、特別の事情は認定されることとなる。

　従来の特段の事情の法理の適用においては、実体判断のための準拠法が外国法となることも考慮されてきた（例えば、東京地判平成23・9・7判時2228号38頁。ただし、その控訴審である東京高判平成24・2・22判時2228号34頁では、準拠法が国際裁判管轄の帰属を判断する一事情であることは認めつつも、特段の事情を否定している）。こ

の点については、法適用通則法等を中心とする準拠法選択規則に基づいて日本の裁判所で外国法が適用されることは当然である以上、これを考慮して訴えを却下することは、準拠法選択規則の存在意義を否定することにも繋がりかねず、問題であるとも考えられる。この点、準拠法が外国法となることのみによって特別の事情が認定されることが適切でないことは明らかであるが、外国法が準拠法となる場合、日本法による実体判断を行う場合と比べれば適正かつ迅速な審理を実現することが相対的に困難となることも確かであろう。そうすると、民訴法3条の9における特別の事情の認定にあたっても、この点を一事情して考慮することは否定されないが、実際の認定にあたって、過度に外国法が準拠法となることを重視すべきではないと考えられる。

　なお、理論的には、当事者の裁判を受ける権利に鑑みると、当該訴えについて審理および裁判を行う外国裁判所がない場合には、本条に基づく訴えの却下をすることはできないはずであり、外国裁判所における審理および裁判の可能性も考慮されなければならない。ただし、外国裁判所における審理および裁判の可能性が否定される事案は、通常、日本との関連性が非常に強い事案であると考えられるため、そのような事案に関する訴えについて特別の事情を認めて却下することは想定されないであろう。

(4) 外国訴訟係属の考慮 (国際訴訟競合)

実際の裁判例において、特別の事情の認定にあたって考慮されることが多い事情として、日本の裁判所における訴えと関連する**外国訴訟係属**という事情を挙げることができる。外国訴訟と日本訴訟の訴訟物が同一である（双方で下される判決の既判力が抵触し得る）国際訴訟競合（*lis pendens*）の場合にも、また、

111

訴訟物が同一でないが、関連する訴えが外国裁判所に係属している場合にも、**外国訴訟係属を特別の事情の認定にあたって考慮する**ことができると考えられる。実際、特別の事情を認定した前掲最判平成28・3・10および知財高判平成29・12・25（平成29年(ネ)第10081号）の双方において、前者では関連訴訟が、後者では日本で提起された消極的確認訴訟に対応する積極的給付請求訴訟が、それぞれ外国裁判所に提起されていた事案であった。**設例Ⅱ-15-1**のような事案でも、当事者間の中心的な紛争についての裁判が甲国の裁判所でされていることは、民訴法3条の9の適用にあたって考慮要素となるであろう。

　ただし、外国訴訟係属を考慮して日本の裁判所における訴えの却下することについては、二重起訴の禁止に基づいて行うべきとする考え方もある。すなわち、民訴法142条はあくまで国内裁判所に既に提起された訴えについての重複する訴えの禁止を定めるものであるが、同条を国際訴訟競合の場合に類推適用して、既に係属している外国裁判所において将来下される判決の効力が日本において承認されると予測される場合には、既判力の抵触を回避するために日本における訴えを却下すべきとする承認予測説と呼ばれる考え方である。この考え方によれば、仮に日本の裁判所が外国の裁判所よりもより適切な法廷地であるとしても、先に係属した外国裁判所での手続において下される判決の承認が予測される（ただし、下されていない判決の承認を厳密に予測することはできないため、実際には、将来下される判決が日本で承認されないことが確実となっている場合を除き、承認が予測されると解さざるを得ない）場合には訴えを却下することから、先訴優先の原則によって国際訴訟競合の問題を解決することとなる。また、承認が予測されることで訴えを却下すべきことの根

拠は、基本的に既判力の抵触の回避にあるため、関連はするが既判力の抵触はない訴えが提起されたのみでは、日本での訴えを却下することはできないと考えられる。なお、この承認予測説のほか、より一般的に訴えの利益の判断において外国訴訟係属を考慮する立場も主張されている。この立場によれば、必ずしも先訴優先となるわけではなく、また、将来において外国裁判所で下される判決と日本の裁判所で下される判決の既判力の抵触を厳密に問題とする必要もなく、より柔軟な外国訴訟係属の考慮が可能となると考えられる。

　このように、外国訴訟係属についてどのように考慮すべきかについては様々な見解が主張されるが、外国訴訟係属という1つの事情について学説上主張される考慮方法のいずれか1つの方法でのみ考慮しなければならない理由はなく、複数の異なる法律問題との関係で考慮することも可能であると考えられる。そうすると、外国訴訟を訴えの利益の判断や民訴法142条の類推適用の判断（承認予測説）で考慮できるか否かとは別に、民訴法3条の9の適用との関係で外国訴訟係属を考慮することができるかが問題となるが、少なくとも、現在の裁判実務においてはこれを肯定している。ただし、本条で外国訴訟係属を考慮して訴えを却下することができるのは、あくまで日本での裁判が当事者間の衡平を害し、または適正かつ迅速な審理の実現を妨げることとなる特別の事情があるという非常に例外的な場合のみであり、その他の場合に外国訴訟係属を考慮しようとすれば、承認予測説等の他の方法での考慮を検討する必要がある。

　なお、外国訴訟係属について特別の事情の認定のための考慮事情とするとしても、当該外国裁判所において将来下される判決が日本で承認されないことが明らかである場合にまで、当該訴訟係属を考慮して日本での訴えを却下することは不適切である。すなわち、外

113

国裁判所に間接管轄が認められない場合、外国訴訟における被告に
対する訴訟の開始を知らせる適切な送達がされておらず、当該被告
も裁判に対応していない結果、欠席判決が下されることが確実であ
る場合、既に日本の手続的公序に反する裁判手続が行われている場
合、および訴訟係属中の外国との間に相互の保証が認められない場
合には、外国訴訟での紛争解決としての判決の効力が日本で認めら
れない以上（民訴法118条☞**第Ⅶ章**）、そのような外国訴訟係属は、
むしろ日本の裁判所が審理および裁判すべきことを基礎づける要素
となる。あくまで、これらの事情がない場合に、外国訴訟係属は、
民訴法3条の9における特別の事情を基礎づける一要素として考慮
されることとなる。

Ⅲ　家族法領域の国際裁判管轄

1.　人事訴訟

(1) 規律の全体像

(ア) 概説

　人事訴訟事件の国際裁判管轄については、人訴法3条の2から3条の5を中心とする規定によって規律される。これらの規定は、「人事訴訟法等の一部を改正する法律」（平成30年法20号）が平成31年4月1日に施行されたことによって設けられた。同法の施行前においては、渉外離婚事件の国際裁判管轄に関する最大判昭和39・3・25（民集18巻3号486頁）（以下「最判昭和39年」という）及び最判平成8・6・24（民集50巻7号1451頁）（以下「最判平成8年」という）といった判例法や条理によって国際裁判管轄の判断がされてきた。人訴法中の規定は、これらの判例法や条理を基本として作られたものであると考えられる。

　一般の民事訴訟事件と同様に、人事訴訟事件についても、基本的に、事案と日本との関連性や被告の手続的保護といった要素が国際裁判管轄を基礎付ける。中心的には、身分関係の当事者と日本との関連性が考慮される要素となる。この他にも、裁判によって身分関

115

係の当事者に保護を与えるべきかという点に関する実質的な配慮も問題となるし、また、身分関係に対する国家的関心、特に、日本人の身分関係に対する日本の国家的関心も、国際裁判管轄の判断に当たって考慮される。

（イ）「人事に関する訴え」の範囲

　人訴法中の国際裁判管轄規定が適用される「人事に関する訴え」は、同法2条において、「身分関係の形成又は存否の確認を目的とする訴え」と定義されており、「婚姻の無効及び取消しの訴え、離婚の訴え、協議上の離婚の無効及び取消しの訴え並びに婚姻関係の存否の確認の訴え」（1号）、「嫡出否認の訴え、認知の訴え、認知の無効及び取消しの訴え、民法（明治29年法律第89号）第773条の規定により父を定めることを目的とする訴え並びに実親子関係の存否の確認の訴え」（2号）、「養子縁組の無効及び取消しの訴え、離縁の訴え、協議上の離縁の無効及び取消しの訴え並びに養親子関係の存否の確認の訴え」（3号）がこれに含まれることとなる。これらの例示列挙された訴え以外にも、例えば、外国でされた裁判離婚について日本で無効の確認を求める訴え（東京家判平成19・9・11家月60巻1号108頁）も、人事に関する訴えに該当することとなる。

　事件類型ごとに国際裁判管轄規定が設けられている家事事件とは異なり、人事に関する訴えについては、人訴法3条の2を中心とする国際裁判管轄規定が、基本的に一律に適用されることとなるため、ある訴えがいずれの事件類型に該当するのかといった性質決定をする必要はない。ただし、ある事件が人事訴訟事件と家事事件のいずれに該当するかという性質決定の検討は、必要となる場合がある。例えば、養子縁組の離縁の裁判は、普通養子縁組についてであれば

人事訴訟事件であるが、特別養子縁組についてであれば家事事件となる。日本の民法に基づいてされた養子縁組についての離縁であれば、いずれの事件となるかは明白であるが、外国法に基づいてされた養子縁組についての離縁の場合、いずれの事件となるかは必ずしも明らかでなく、性質決定を検討する必要がある。この点、実際に成立している養子縁組が、日本法上の普通養子縁組と特別養子縁組のいずれに類似するか、養子縁組の成立によって実方の血族との親族関係が終了するか等を考慮して判断することとなると考えられる（☞後述 2.(2)(ウ)）。

(ウ) 国際裁判管轄審理に関する手続的問題

職権証拠調べの原則や管轄権の標準時について人訴法のなかでは特段の規定を設けていないが、これは、民訴法の規定がそのまま適用されるためである（人訴法 29 条 1 項参照）。そのため、通常の民事訴訟事件と同様に、人事訴訟事件についても、裁判所は、日本の裁判所の管轄権に関する事項について、職権で証拠調べをすることができ（民訴法 3 条の 11）、また、日本の裁判所の管轄権は、訴えの提起の時を標準として定める（民訴法 3 条の 12）こととなる。

(2) 基本的な管轄原因

◈ 設例Ⅲ-1-1 ◈

　日本で婚姻した夫婦である甲国人男Ａと日本人女Ｂは、10年来、日本で生活をしていた。しかし、夫婦の間の諍いが絶えず、Ａは、Ｂに無断で、甲国に帰国してしまい、甲国での生活を始めた。

(ア) 概説

　人訴法3条の2においては、人事訴訟事件について、事件類型を区別することなく、基本的な管轄原因を定めている。これらの規律は、直接的には日本で裁判が行われる場合の国際裁判管轄（直接管轄）の判断、すなわち、ある事件の法廷地国として日本が適切か否かを判断するために用いられるものである。ただし、外国裁判所が下した人事訴訟事件判決の日本における承認との関係でも、内外国の管轄配分の平等を実現する鏡像原則の考え方に依拠するならば、判決について国際裁判管轄（間接管轄）が認められるかを判断する原則的な基準として用いられることとなる（間接管轄については☞第Ⅶ章5.）。

　管轄原因としては、同条7号を除き、身分関係の当事者の住所及び国籍が用いられている。国籍は、国際法上、各国の国内管轄事項（各国は自国の国籍法によって自国の国籍の得喪を規定）であり、国際裁判管轄の判断に当たってもこれをそのまま尊重することとなる。すなわち、ある当事者が一定の国の国籍を有するか否かについてはその国の国籍法によって定まり、直接管轄で問題となる日本の国籍の有無は日本の国籍法によって判断されることとなる。これに対して、住所は、一般的に国際裁判管轄の判断のための日本の国際民訴

法上の概念であるが、基本的には、生活の本拠（民法22条参照）を指すと解される。住所の決定については、ある国の領域内における住所の有無を当該国の法によって判断する領土法説（遺言の方式の準拠法に関する法律7条1項参照）による可能性もあるが、一般的には、日本の国際民訴法における国際裁判管轄の判断の基準として住所が用いられていることに鑑み、日本国内における住所のみならず、外国国内における住所についても、前述の生活の本拠の有無によって判断すると解されている。なお、住所と居所はそれぞれ独立の管轄原因となる要素であるため、民法23条2項本文のように日本における居所をその者の住所とみなすといったことはされない。

　なお、人事訴訟の国際裁判管轄については、管轄合意は認められていない。外国に住所を有する被告が日本での裁判に同意しているとしても、それは後述する人訴法3条の2第7号に規定される国際裁判管轄を肯定する特別の事情の有無の判断にあたって考慮され得るに過ぎない（☞後述(オ)）。

（イ）被告の住所等

　人事訴訟事件についても、通常の民事訴訟事件と同様に、被告の住所が日本国内にある場合に国際裁判管轄が認められる。まず、身分関係の当事者の一方に対する訴えについては、当該当事者の住所が日本国内にあれば、国際裁判管轄が認められる（人訴法3条の2第1号）。また、身分関係の当事者の双方に対する訴えについては、その一方または双方の住所が日本国内にあれば、国際裁判管轄が認められる（同条2号）。被告となる身分関係の当事者の手続的保護を考えるとすれば、その双方の住所が日本国内にある場合にのみ国際裁判管轄を認めることも考えられるが、確実に原告の裁判を受け

る権利を保障するために、いずれか一方の住所があるだけで国際裁判管轄を認めたものであると解される。例えば、**設例Ⅲ-1-1** で、甲国に帰国した A が、日本に住所を有する B に対して、日本の裁判所に離婚の訴えを提起した場合、1 号の管轄原因が認められることとなる。また、**設例Ⅲ-1-1** の事案で、A が日本で B と婚姻する前に甲国で既に C と婚姻しており、C が日本の裁判所に A と B の双方を被告として両者の婚姻の取消しを求めた場合には、身分関係の当事者の双方である AB に対する訴えであり、かつ、その一方である B の住所が日本にあるので、2 号の管轄原因が認められることとなる。

　被告となる身分関係の当事者の住所がない場合または住所が知れない場合には、居所が日本国内にあれば、国際裁判管轄が認められる。これは、住所がないまたは住所が知れない被告に対しても訴えを提起することができるようにすることで、原告の裁判を受ける権利を保障するためである。ただし、ここにおける住所がない場合または住所が知れない場合とは、世界中のどこにも住所がない場合または住所が知れない場合を指し、単に被告となる身分関係の当事者の住所が日本にないだけで、外国国内に住所がある場合は含まれない。このような場合には、居所を管轄原因としなくても、住所がある外国で人事訴訟を行うことが通常可能であり、原告の裁判を受ける権利も保障されると考えられるためである。なお、ここにおける居所の概念も、日本の国際民訴法上の概念であるが、基本的には民法上の居所の概念（民法 23 条 1 項）と同様に、単に一時的に所在するだけでは足りず、生活の本拠ではないものの一定期間継続して居住する場所と解されている。

　身分関係の当事者が死亡している場合には、基本的に、生存して

いれば被告となる身分関係の当事者の死亡時の住所が日本国内にあれば、国際裁判管轄が認められることとなる。すなわち、訴訟で審理される身分関係の当事者の一方からの訴えについては、他の一方がその死亡の時に日本国内に住所を有していたときに国際裁判管轄が認められる（人訴法3条の2第3号）。また、身分関係の当事者の双方が死亡し、その一方または双方がその死亡の時に日本国内に住所を有していたときには、当該身分関係に関する訴えについて国際裁判管轄が認められる（同条4号）。なお、身分関係の当事者の一方のみが死亡していた場合、身分関係の当事者以外の者が提起する当該身分関係に関する訴えは他の一方のみを被告とする（人訴法12条2項）ため、死亡した身分関係の当事者がその死亡の時に日本国内に住所を有していたことに基づいて国際裁判管轄が認められることはない。

（ウ）当事者の国籍

◆ 設例Ⅲ-1-2 ◆

　日本で婚姻をした日本人男Aと日本人女Bの夫婦は、Aの仕事の都合で、甲国で生活するようになっていた。甲国での仕事に没頭し、家庭を顧みないAに嫌気がさしたBは、日本の裁判所にAに対する離婚の訴えを提起した。

　人事訴訟で審理される身分関係の当事者の双方が日本の国籍を有するとき（その一方または双方が死亡時に日本の国籍を有していた場合を含む）には、当該身分関係についての訴えの国際裁判管轄が認められる（人訴法3条の2第5号）。従来の判例法において、国際裁判

管轄に対する日本の国籍の意義については必ずしも明らかでなかったが、人訴法では身分関係の当事者が日本の国籍を有することを管轄原因とした。日本の国籍を有する者の身分関係については、日本と密接に関係するものであり、それが戸籍に記載される点からも明らかなように、日本が強い国家的関心を有するものである。また、身分関係の当事者の住所等が日本にないとしても、その近親者の住所等が日本にある可能性も高く、日本と一定の関連性を有している場合も多いと考えられる。ただし、身分関係の当事者の一方のみが日本の国籍を有する場合にも国際裁判管轄を認めることは、他方の当事者である外国人の手続的な権利の保護から鑑みると問題が多いため、当事者間の衡平に配慮して、当事者の双方が日本の国籍を有する場合に限定したものと考えられる。**設例Ⅲ-1-2** のような海外在住の日本人夫婦の離婚の訴えについては、人訴法3条の2第5号の管轄原因が認められることとなる。

　このように国籍を管轄原因とすると、同一の身分関係についての訴訟が複数の国で扱われる可能性が高まる。実際、東京地判平成11・11・4（判タ1023号267頁）など、海外在住の日本人夫婦の離婚が日本の裁判所で問題となった従来の事案のなかには、日本に加えて、被告の住所が所在する外国でも裁判がされているものがあった。そうすると、海外在住の日本人夫婦の一方が他方に対して離婚を求める場合、原告が自己に有利となる判断が下されるように法廷地を選択する法廷地漁りをする可能性もある。**設例Ⅲ-1-2** の事案においても、AB双方が甲国に住所を有しているとすると、甲国の国際民訴法の内容の如何によるが、Bが甲国の裁判所に離婚の訴えを提起することもできるとすれば、Bとしては甲国と日本のいずれの裁判所での裁判が自己に有利となるかを考えて、訴えを提起する

裁判所を選択することとなろう。原告による訴えの提起で訴訟手続が開始する以上、法廷地の選択が一定程度原告に委ねられることは当然ともいえるが、当事者間の衡平を害するような法廷地の選択は問題であろう。そのため、当事者の双方が日本国籍を有することに基づいて原則的に国際裁判管轄が認められる訴えについては、人訴法3条の5に規定される特別の事情の有無を特に慎重に検討し、場合によっては同条に基づいて訴えを却下することで、不適切な法廷地漁りを防止する必要があると考えられる。

（エ）最後の共通住所地

　人事訴訟事件については、身分関係の当事者の最後の共通の住所が日本国内にある場合にも、国際裁判管轄を認めている（人訴法3条の2第6号）。身分関係の当事者の最後の共通の住所は、当事者双方に関連性がある衡平な管轄原因であるといえるし、それが日本国内にある場合には、当該身分関係に関連する証拠が日本国内に存在する蓋然性が高いことからも、適切な管轄原因であると考えられる。例えば、**設例Ⅲ-1-1**の事案において日本に住所を有するBがAに対して日本の裁判所に離婚の訴えを提起した場合、ABが元々日本で夫婦として生活しており、最後の共通の住所が日本にあったと考えられるため、同号の管轄原因が認められる。

　ただし、最後の共通の住所が日本国内にあることで国際裁判管轄が認められるためには、日本に住所がある身分関係の当事者からの訴えであることが必要である。これは、訴えが提起された時点における身分関係の当事者と日本との関連性を確保するための要件であり、日本に最後の共通の住所を有していた身分関係の当事者の双方が日本を離れた場合のように、訴えが提起された時点で日本との関

連性に乏しい事案について国際裁判管轄を認めないようにするために規定されたものである。例えば、**設例Ⅲ-1-1**の事案でも、BがAに対する離婚の訴えを日本の裁判所に提起した時点で、Bが既に日本を離れ、海外に住所を有していたとすれば、ABの婚姻関係と日本との関連性は不十分であり、同号の管轄原因は認められない。

(オ) 特別の事情の考慮

> ### ◆ 設例Ⅲ-1-3 ◆
>
> 　夫婦である日本人男Aと甲国人女Bは、嫡出子である日本人Cと共に甲国で生活していた。甲国ではAが主に育児を行い、Bは甲国での仕事に専念していたが、Aは家庭を顧みないBに嫌気がさし、Cと共に日本に帰国した。その後、Bは甲国の裁判所にAに対する離婚の訴えを提起し、同時に、Cの親権者をBとすることを求めた。この甲国の裁判の開始を知らせる通知は、公示送達によって行われ、A欠席のまま、離婚を認容し、Cの親権者をBとする判決が下され、確定した。これに対して、Aは、日本の裁判所にBに対する離婚の訴えを提起した。

　人訴法3条の2第7号では、日本国内に住所がある身分関係の当事者の一方からの訴えであって、日本の裁判所が審理および裁判をすることが当事者間の衡平を図り、または適正かつ迅速な審理の実現を確保することとなる特別の事情があると認められるときに、国際裁判管轄を認めている。同条1号から6号の規定によっては国際裁判管轄が認められない場合についても特別の事情によって管轄を認めることができるため、個別具体的な事案の事情に応じて柔軟に国際裁判管轄を認め、原告となる日本国内に住所がある身分関係の

当事者の裁判を受ける権利を確保することが可能となっている。

　そして、このような特別の事情がある場合の例示として、他の一方が行方不明であるとき、他の一方の住所がある国においてされた当該訴えに係る身分関係と同一の身分関係についての訴えに係る確定した判決が日本国で効力を有しないときが掲げられる（これらに該当する場合には、常に同条7号に基づく国際裁判管轄が認められることとなる）。前者は最判昭和39年の判断を、後者は最判平成8年の判断を、それぞれ敷衍するものである。例えば、**設例Ⅲ-1-3**の事案では、最判平成8年と同様に、日本での訴訟の被告であるBの住所がある甲国で既に同一の身分関係についての確定判決があり、それが日本で効力を有しない（甲国での訴訟の開始に必要な呼出しもしくは命令の送達が公示送達によってされているため、甲国の確定判決が日本で効力を有しない。民訴法118条2号☞**第Ⅶ章6.**）ため、日本に住所を有するAが日本の裁判所にBに対する離婚の訴えを提起すれば、人訴法3条の2第7号により、国際裁判管轄が認められることとなる。

　人事訴訟事件の国際裁判管轄については、基本的に事件類型を区別することなく一律に規定が設けられているが、特別の事情の有無の判断にあたっては、親子関係事件における未成年の子の利益といった特定の事件類型に固有の要素も考慮されると考えられるため、この管轄原因によって事件類型毎の特徴を考慮した管轄判断も可能となっているといえよう。また、日本の裁判所で行われた離婚調停が不成立となったものの、外国に住所を有する被告が日本での裁判に応訴する意思を明確にしている場合においては、被告の日本での応訴の意思も特別の事情の有無の判断にあたって考慮することができると考えられる。ただし、これらの要素の考慮に基づいて国際裁

判管轄が認められるかは、あくまで「日本の裁判所が審理及び裁判をすることが当事者間の衡平を図り、又は適正かつ迅速な審理の実現を確保することとなる特別の事情がある」か否かによる。

　なお、この管轄原因についても、あくまで日本国内に住所がある身分関係の当事者の一方からの訴えであることが要件となっている。その結果、他の者からの訴えについて人訴法3条の2第7号に基づく国際裁判管轄を認める余地はない。しかし、仮に、個別具体的な事案において、原告の裁判を受ける権利を保障するためには日本の裁判所で審理および裁判を行う以外に方法がなく、日本の裁判所で審理および裁判をしないことが正義衡平の理念に反するような場合には、人訴法3条の2第1号から第7号に規定する管轄原因が認められないとしても、条理上、緊急管轄を認めることもあり得るであろう。

(3)関連損害賠償請求

　人訴法3条の3は、一の訴えで人事訴訟に係る請求と当該請求の原因である事実によって生じた損害の賠償に関する請求とをする場合においては、人事訴訟に係る請求の国際裁判管轄が認められるときに限り、訴えを提起することができると規定する。離婚の際の慰謝料請求等、単独で訴えが提起されれば通常の民事訴訟事件と位置づけられるものについても、一の訴えで人事訴訟に係る請求と同時に請求する場合には、民訴法上の管轄原因が認められるか否かにかかわらず、同時審理の合理性から国際裁判管轄を肯定する趣旨である。例えば、**設例Ⅲ-1-2**の事案で、Aが甲国で不貞行為を行っていたことを理由としてBが日本の裁判所に離婚および慰謝料を求めて訴えを提起したとすると、慰謝料請求について日本に民訴法上の不法行為地（不貞行為がされた地・婚姻生活

の平穏が害された地）の管轄原因等が認められることはないと考えられるが、身分関係の双方の当事者が日本の国籍を有することから離婚について基本的に国際裁判管轄が認められる（人訴法3条の2第5号）ため、慰謝料についてもその訴えで請求をすることが可能となる。

(4) 子の監護に関する処分等・財産分与請求

（ア）子の監護に関する処分等

人訴法3条の4第1項は、婚姻の取消しまたは離婚の訴えの国際裁判管轄が認められる場合に、同32条1項の子の監護者の指定その他の子の監護に関する処分ついての裁判および同条3項の親権者の指定についての裁判に係る事件について国際裁判管轄を認め、これらの裁判を離婚等の裁判とともに行うことを可能としている。離婚等に伴う子の監護に関する附帯処分や親権者の指定の裁判は、離婚等の裁判とは独立のものとして国際裁判管轄が問題となるが、この規定により、離婚等の訴えの国際裁判管轄が認められる限りで、常に附帯処分等の裁判を行うことが可能となる。そのため、**設例Ⅲ-1-3**において、AのBに対する離婚の訴えの国際裁判管轄が人訴法3条の3第7号によって認められ、離婚請求が認容されたとすると、Cの親権者の指定の裁判についても、日本の裁判所に国際裁判管轄が認められることとなる。

この規定は、離婚等の裁判と同時に子の将来の監護・養育に関する事項を定めておくことが実質的な子の福祉・利益を実現するために必要であり、離婚等の裁判における証拠となる家庭環境等についての資料はこれらの子に関する裁判の証拠ともなることから、離婚等の裁判とともに審理および裁判をすることが適切であるという考

え方に基づく。特に、離婚等に伴う親権者の指定については、その準拠法が日本法となるとすると、民法上、離婚判決を認容する場合には父母の一方を親権者と定めるとしており（民法819条2項）、当事者の申立てがなくても裁判所が職権で裁判しなければならない。そして、このような裁判を確実に実施することができるようにするためには、離婚等の訴えの国際裁判管轄が認められる限りで、常に親権者の指定の裁判に係る事件についても国際裁判管轄を認める必要がある。

　この規定によれば、子の住所が日本国内にない場合にも子の監護に関する処分等の裁判の国際裁判管轄が原則的に認められることとなる。子の意思や生活状況等について十分に調査をして判断すべき子の監護・親権に関する裁判に係る事件については、子の住所地の裁判所で裁判を行うことが適正かつ迅速な審理・裁判の実現という観点から最も適切であることに異論はないであろうし、実際、独立の家事事件として申し立てられた親権に関する審判事件や子の監護に関する処分の審判事件等については、原則として子の住所が日本国内にある場合にのみ国際裁判管轄が認められる（家事法3条の8）。しかし、子の住所が日本国内にない場合においても、離婚等の裁判の国際裁判管轄が認められる限りで、親権者の指定や子の監護に関する処分の裁判についても国際裁判管轄が認められることとなる。ただし、例えば、日本での離婚に伴う親権者の指定についての審理および裁判について、子の住所が日本国内にないこと等から適正かつ迅速な審理の実現を妨げることとなる特別の事情があると認められる場合には、そもそもの離婚の訴えを却下することがあり得るであろうし、親権者の指定を規律する準拠法となる外国法上、離婚の裁判とともに親権者の指定を行うことが必須とされていないとすれ

ば、当該親権者の指定についての裁判にかかる事件について却下することもできる（人訴法3条の5）と解される。

（イ）財産の分与に関する処分

　人訴法3条の4第2項では、婚姻の取消しまたは離婚の訴えの附帯処分としてされる財産の分与に関する処分の裁判について、家事法3条の12に規定される管轄原因が認められる場合に、国際裁判管轄が認められるとしている。家事法3条の12は、離婚等の訴えとは独立に財産の分与に関する処分の申立てがされた場合の家事審判事件の国際裁判管轄を規定している。離婚等の裁判とともに裁判を行う必要性が高い離婚後の子の監護に関する附帯処分等とは異なり、離婚の裁判とともに処分を行うことが必須とまではいえないため、あくまで家事審判事件としての財産の分与に関する申立てと同一の管轄原因が認められる場合にのみ、国際裁判管轄を認めている。

　ただし、家事法3条の12の管轄原因は、実質的には人訴法3条の2第1号、第5〜7号の管轄原因と同様である。したがって、離婚等の訴えとともに財産の分与に関する処分が申し立てられ、前者の訴えについて人訴法に基づいて国際裁判管轄が認められるのであれば、後者の申立てについても国際裁判管轄が認められる場合が多いと考えられる。もっとも、**設例Ⅲ-1-3**の事案であるとすると、Aが日本の裁判所にBに対する財産の分与を申し立てたとしても、家事法3条の12第1号から3号までの管轄原因は認められず、また、甲国で財産の分与の裁判がされていないことから「他の一方の住所がある国においてされた財産の分与に関する処分に係る確定した裁判が日本国で効力を有しないとき」に該当せず、日本の裁判所で審理および裁判をすることが当事者間の衡平を図り、または適正

かつ迅速な審理の実現を確保することととなる特別の事情（家事法3条の12第4号）も認められないと考えられる。そうすると、このような場合には、離婚等の訴えについては国際裁判管轄が認められる（人訴法3条の2第7号）が、財産の分与に関する処分の裁判については、国際裁判管轄が認められないということとなろう。

（5）特別の事情による
　　　訴えの却下

人訴法3条の5では、日本の裁判所における審理および裁判が、当事者間の衡平または適正かつ迅速な裁判の実現の妨げとなる特別の事情があれば、訴えの全部または一部を却下することができることを規定している。この規定は、特別の事情に基づく訴えの却下を認める民訴法3条の9と同じ趣旨のものであり、事件の個別の事情に応じた柔軟な判断を可能とすることによって、具体的妥当性を確保するためのものである。

　人訴法3条の5では、特別の事情を検討するための考慮要素として、「事案の性質、応訴による被告の負担の程度、証拠の所在地、当該訴えに係る身分関係の当事者間の成年に達しない子の利益」といった事情を例示している。「事案の性質」として考慮される事情とは、請求の内容や身分関係の当事者の国籍、住所等の客観的な事情をいうものと解されている。また、「子の利益」として考慮される事情としては、離婚に伴う親権者の指定の裁判における15歳以上の子の陳述の聴取（人訴法32条4項）の実施に関する事情（外国に住所を有する子が自ら日本の裁判所に出頭することができるかに関する事情や、それができない場合に子の意見を正確に把握するための他の手段の実施に関する事情）等を指し、訴えに係る身分関係の当事者間の成年に達しない子の利益への配慮を可能とするために例示されたものである。

　なお、前述のとおり（☞(2)(オ)）、人訴法3条の2第7号では、国際裁判管轄を認めるべき特別の事情が規定されており、同号の特別の事情があるとして国際裁判管轄が認められる場合には、通常、人訴法3条の5における特別の事情は認められないであろう。ただし、人訴法3条の2第7号では被告となる身分関係の当事者が行方不明である場合等を特別の事情がある場合の例として掲げており、例示された場合には同号の管轄原因が常に認められることとなる。そのため、例えば、被告となる身分関係の当事者が行方不明であることから人訴法3条の2第7号の特別の事情は認められるが、日本の裁判所における審理および裁判が当事者間の衡平または適正かつ迅速な裁判の実現の妨げとなる特別の事情も認められるとして、結論において人訴法3条の5に基づいて訴えが却下されることはあり得るであろう。

---

(6) 訴えの変更および
**　　反訴に関する規律**
　　　　　人事訴訟に関する手続においては、第1審または控訴審の口頭弁論の終結にいたるまで請求または請求の原因を変更することができ、被告は、反訴を提起することができる（人訴法18条1項）。このような訴えの変更や反訴の提起がされた場合、基本的に、新訴が提起された時点を標準時として国際裁判管轄を判断することとなる。

　訴えの変更後の人事訴訟に係る請求について日本の裁判所が国際裁判管轄を有しない場合であっても、変更後の人事訴訟に係る請求が変更前の人事訴訟に係る請求と同一の身分関係についての形成または存否の確認を目的とするときに限り、請求の変更は認められる（人訴法18条2項）。これは、このような場合に限って、原則として国際裁判管轄が認められない変更後の人事訴訟に係る請求を目的と

する訴えについても国際裁判管轄を認める趣旨である。例えば、当初、夫婦の一方が日本国内に住所を有する他方に対して離婚の訴えを提起したが、その後、被告となる配偶者が日本国内に住所を有しなくなった段階で原告が婚姻の取消しの訴えに変更した結果、訴えの変更後の請求について人訴法 3 条の 2 に規定される管轄原因が認められないこととなっても、国際裁判管轄は認められることとなる。

　また、日本の裁判所が反訴の目的である請求について国際裁判管轄を有しない場合であったとしても、①人事訴訟に係る請求については、本訴の目的である人事訴訟に係る請求と同一の身分関係についての形成または存否の確認を目的とする請求を目的とする場合に、②人事訴訟に係る請求の原因である事実によって生じた損害の賠償に関する請求については、既に日本の裁判所に当該人事訴訟が係属する場合に、それぞれ反訴を提起することができる（人訴法 18 条 3 項）。これも、このような場合に限って、原則的に国際裁判管轄が認められない反訴についても国際裁判管轄を認める趣旨である。例えば、名古屋高判平成 7・5・30（判タ 891 号 248 頁）においては、カナダ人夫が日本に住所を有する日本人妻に対して協議離婚無効確認の訴えを提起し、日本人妻から予備的反訴として離婚の訴えが提起され、反訴についても国際裁判管轄が認められたが、現在の人訴法の規定を前提としても、このような反訴の国際裁判管轄は認められることとなると考えられる。

2.　家事審判事件

(1) 概説

国境を越えて生じる家族関係紛争につき、

日本の裁判所はどのような場合に国際裁判管轄を有するのか。家族関係については人事訴訟の形で争われる場合もあれば（人事訴訟類型は人訴法2条を参照。なお、人事訴訟に関する国際裁判管轄に関しては、☞前述1.）、それ以外にいわゆる「家事事件」（家事審判、家事調停）の形で解決が図られる場合もある。家事事件の国際裁判管轄に関する規定は、主として家事法に置かれている。これらの規定の特徴は、家事事件をいくつもの「単位事件類型」（共通の性質を有する事件類型）に分け、その単位事件類型ごとに、日本の裁判所が適正に審理・裁判を行い得ると考えられる場面を整理したものを管轄原因として定めている点にある。ひとくちに家事事件といっても、そこには様々な内容が含まれるため、家事事件の国際裁判管轄の有無に関する判断は、人事訴訟の場合に比べより多岐にわたる観点からなされる。なお、同じく家事事件とされる後見開始等の審判事件および失踪宣告の審判事件に関する国際裁判管轄規定は、それぞれ法適用通則法5条および6条に置かれている。

　家事法中の国際裁判管轄に関する大部分の規定（同法3条の2ないし3条の12を参照）においては、日本民法の規定を基礎とする「別表第一」および「別表第二」の各項が引用されている。これから国際裁判管轄の有無を判断するという段階ではまだ準拠法は決まっていないのであるから、日本民法に基づいて国際裁判管轄を検討するのは論理的におかしいと思われるかもしれない。しかし、ここで登場する日本民法は、あくまでも単位事件類型の内容を把握するための「手がかり」としてのものに過ぎず、準拠法が日本法ではなく外国法となる場合を排除する趣旨ではないのである。もっとも、各国の実質法の内容は千差万別であるから、別表中のいずれの項に含めるのが適切か、どのような単位事件類型として構成するのが妥

当かについての判断が難しい事案も予想される。その場合は、日本の裁判所が適正・迅速に審理・裁判をなし得るか否かという観点から国際裁判管轄に関し適切な判断を行うために、単位事件類型を柔軟に捉えることが重要となろう。

---

(2)養子縁組に関する　審判事件

（ア）養子縁組の許可等

◈ 設例Ⅲ-2-1 ◈

　甲国に居住する甲国人夫婦A・Bは、ボランティア団体を通じて、大地震で両親を失った日本居住の日本人子C（10歳）と知り合い、是非、Cを養子に迎えたいと考えた。そして、A・Bは、Cとの養子縁組を成立させるために、日本の裁判所において特別養子縁組の成立の審判事件を申し立てた。日本は、この事案につき国際裁判管轄を有するか。

（a）単位事件類型

　家事法3条の5は、単位事件類型として、「養子縁組をするについての許可の審判事件」と「特別養子縁組の成立の審判事件」の2つを掲げている。同条は、前者につき別表第一61項の審判事件（民法794条および798条に定める養子縁組をするについての許可）、後者につき同表63項の審判事件（民法817条の2に定める特別養子縁組の成立）を指す旨を規定しているが、前述のように、日本に国際裁判管轄が認められた後に、日本の国際私法によって決まる準拠法が外国法になる可能性もある以上、この規定は日本民法に限定する趣旨ではなく、その単位事件類型がどのような内容を想定したものなのか、その手がかりを与えるものと考えるべきである。

一般に、養子縁組許可・成立事件においては当事者間に対立はなく、裁判所には後見的役割を果たすことが期待される。当事者の合意に基づき届出により成立する未成年者を養子とする養子縁組（血縁上の親子関係がない者の間に法律上の親子関係を形成する身分行為）においては、未成年子保護の観点から家庭裁判所による許可が求められ、そのための審判を経る必要がある。他方、養子と実方との間の親族関係を終了させ、原則として離縁を認めないこと等を特色とする特別養子縁組は、家庭裁判所の審判によって成立する。外国法に基づく養子縁組がここでいう特別養子縁組に当たるか否かについては、一般論としては、縁組によって養子と実方の血族との親族関係が終了するか否か等を考慮して決めることになろうが、個別の事案では判断が難しい場面もあろう。例えば、外国法上、養子縁組が成立しても養子と実方との親族関係は終了せず、かつ、離縁も認めるが、縁組成立には裁判所の決定が要求されるといった型の養子縁組が定められており、当事者がこの型の養子縁組の成立審判を日本の家庭裁判所に求めてきた場合には、これを特別養子縁組に準じて捉え成立審判を行って差し支えないものと思われる。

なお、子が未成年か否かに関しては、養子縁組成立に関する国際裁判管轄の問題とは別に、子の本国法における成年年齢に基づいて判断すべきである。

（b）管轄原因

家事法3条の5は、いずれの単位事件類型についても、養親となるべき者の住所（または居所）、または養子となるべき者の住所（または居所）が日本国内にあるときは、日本の裁判所は管轄権を有することを定めている。養親となるべき者が養親としての適格性を有するかどうか、その養子縁組が養子となるべき者の利益に適ったも

のであるか否か等に関する資料は、養親となるべき者または養子となるべき者の生活の本拠に多く存在するであろうと推測されるからである。日本にいずれか一方のみの住所等しかない場合であっても、裁判所が養子縁組の許否等に関して後見的判断をすることは可能であり、日本に国際裁判管轄を認めることには合理性があると解されている。なお、養子となるべき者の利益に適ったものであるか否かとは、養子となるべき者にとって適切な判断を行い得る裁判所であるかどうかという手続法的観点からみた子の利益の有無を意味しており、実質的な意味におけるもの、すなわち、養子縁組の成立が実際上当該養子の利益になるか否かを指すものではない。

　なお、本条では日本国籍の有無は問題とされていない。これは、養親となるべき者と養子となるべき者の双方が日本の国籍を有していたとしても、日本国内に住所等を有していない場合には、申立てを受けた日本の家庭裁判所がその生活状況等を調査することは困難であり、適切かつ迅速な判断を行うことを期待し得ないからである。

　設例Ⅲ-2-1 においては、養子となるべき者である日本人子 C（日本民法上未成年である）は日本に居住しているから、特別の事情（家事法 3 条の 14）がない限り、日本は、本件特別養子縁組の成立につき国際裁判管轄を有するといえよう（家事法 3 条の 5）。

　なお、外国養子縁組裁判の承認に関しては、☞**第Ⅶ章 9.**。

（イ）死後離縁

> ◈ **設例Ⅲ-2-2** ◈
>
> 　養親A（甲国人）と養子B（日本人）は日本で生活してきたが、養親Aが他界したため、BはAの老親C（甲国人、甲国居住）を扶養しなければならなくなった。しかし、BにとりCを扶養することは負担が重過ぎて難しい。そこで、Bは、日本の裁判所に死後離縁の申立てを行いたいと考えている。この場合、日本は国際裁判管轄を有するか。

（a）単位事件類型

　家事法3条の6は、「死後離縁をするについての許可の審判事件」を事件類型とし、別表第一62項の審判事件（民法811条6項に定める死後離縁をするについての許可）、および外国法上のこれに類似する事案を対象とする。

（b）管轄原因

　家事法3条の6は3つの管轄原因を定める。すなわち、①養親または養子の住所（または居所）が日本国内にあるとき（1号）、②養親または養子が死亡時に日本国内に住所等を有していたとき（2号）、③養親または養子の一方が日本国籍を有しており、他の一方がその死亡時に日本の国籍を有していたとき（3号）である。①および②は、当事者の住所等には証拠が所在する蓋然性が高いと推測されることを理由とする。③は、例えば、養親の死亡後に養子が縁組前の氏に戻るために死後離縁する場合のように、日本の戸籍制度に深く関わる事案においては、当事者の住所等が日本にあるか否かにかかわらず、日本国が国民の身分関係に関心を有しており、日本の裁判所に国際裁判管轄を認めることには合理性があると解されることに

よる。

設例Ⅲ-2-2 においては、生存当事者である養子Bの住所が日本にあり、あるいは、死亡した養親Aの死亡時の住所が日本国内にあるから、特別の事情（家事法3条の14）がない限り、家事法3条の6第1号に基づき、日本は国際裁判管轄を有することになろう。

（ウ）特別養子縁組の離縁

◆ **設例Ⅲ-2-3** ◆

　日本人夫婦であるA・Bは、日本において、日本人子C（2歳）と特別養子縁組を行った。その後、Aは、仕事の都合により、B・Cとともに甲国に引っ越した。10年後、日本に居住するCの実父母D・EがCの監護が可能になったことを理由に、日本の裁判所において特別養子縁組の離縁を申し立てた。この事案につき、日本は国際裁判管轄を有するか。

（a）単位事件類型

特別養子縁組の離縁の審判事件を単位事件類型とする家事法3条の7は、別表第一64項の審判事件、すなわち民法817条の10第1項に規定される特別養子縁組の離縁、および外国法上のこれに類似する事案を扱う。

日本法は、普通養子縁組の離縁の手続は人事訴訟事件（人訴法2条3号）としているのに対し、特別養子縁組の離縁の手続は相手方のない家事審判事件として扱っているため、裁判手続により養子縁組の離縁を求める当事者は、当該離縁が、普通養子縁組の離縁であるのか、特別養子縁組の離縁であるのかに留意する必要がある。普通養子縁組に相当する外国法上の縁組の離縁の訴えについては人訴

法3条の2により、特別養子縁組に相当する外国法上の縁組の離縁の審判事件については家事法3条の7により、それぞれ日本の国際裁判管轄の有無が判断されることになるからである（☞前述1.(1)(イ)）。

(b) 管轄原因

家事法3条の7が規定する管轄原因は5つある。すなわち、①養親の住所（または居所）が日本国内にあるとき（1号）、②養子の実父母または検察官からの申立ての場合には、養子の住所（または居所）が日本国内にあるとき（2号）、③養親および養子が日本国籍を有するとき（3号）、④日本国内に住所がある養子からの申立てであって、養親および養子が最後の共通の住所を日本国内に有していたとき（4号）、⑤日本国内に住所がある養子からの申立てであって、養親が行方不明であるとき、養親の住所がある国においてされた離縁に係る確定した裁判が日本国で効力を有しないときその他の日本の裁判所が審理および裁判をすることが養親と養子との間の衡平を図り、または適正かつ迅速な審理の実現を確保することとなる特別の事情があると認められるとき（5号）、である。

これらの管轄原因のうち②に相応するものは、普通養子縁組の離縁の訴えの国際裁判管轄規定（人訴法3条の2）には存在しない。②は、養子の利益を重視する趣旨の規定であり、養子の住所等が日本にあれば、養親の住所等が日本になくても、日本に管轄権が認められる。では、もし、家事法3条の7第2号に規定する者（養子の実父母および検察官）以外の者が、特別養子縁組の離縁の審判を申し立てた場合はどのように考えるべきか。そのような場合には、日本の国際私法に基づく準拠法を仮に検討し、その準拠法がその者からの申立てを認めるならば、養子保護の観点から家事法3条の7第

III 家族法領域の国際裁判管轄

139

2号を類推適用してよいとの見解がある。

　なお、条文からは分かりにくいが、①は養子が離縁の申立人である場合を念頭に置いた規定であり、養親が申立人である場合には適用されないという点には注意を要する。実親との関係が終了している特別養子縁組における養子に対し、養親から離縁を求めることが許されるならば、離縁された子は誰からも監護を受けられなくなるおそれがあるため、日本民法817条の10は、養親が特別養子縁組の離縁の審判を申し立てることを認めていない。このことを踏まえ、かつ、離縁により養子との法律上の親子関係を断絶「される」側にある養親の利益をも考慮したうえで、相手方である養親が十分に防御でき、裁判所も養親の状況等を十分に調査・把握できるようにする趣旨で定められたのが①の規定なのである。

　設例Ⅲ-2-3 は、特別養子縁組の当事者がすべて外国に居住しているが、養親A・Bと養子Cの双方が日本人であるため、特別の事情（家事法3条の14）がない限り、日本の裁判所は国際裁判管轄を有する（家事法3条の7第3号）。

> **(3)親権に関する審判事件**

◆ **設例Ⅲ-2-4** ◆

　日本に居住する甲国人夫婦A・Bの間に、子CとDが誕生した（いずれも甲国籍）。数年後、A・Bは離婚してAは甲国に戻り、CとDについて単独親権を持つことになったBは、日本に居住し続けた。その後、子Cは、Bの実母であるE（甲国人、乙国居住）の許で暮らすことになった。AはC・Dとの面会交流をBに求めたが、Bが全く取り合わないため、AはC・Dとの面会交流を求める申立てを日本の裁判所に行った。この申立てにつき、日本は国際裁判管轄を有するか。

（ア）単位事件類型

家事法 3 条の 8 は、①親権に関する審判事件（別表第一 65 項ない
し 69 項、別表第二 7 項および 8 項）、②子の監護に関する処分の審判
事件（別表第二 3 項。ただし、子の監護に要する費用の分担に関する処
分の審判事件を除く）、③親権を行う者につき破産手続が開始された
場合における管理権喪失の審判事件（別表第一 132 項）に関して、
日本の国際裁判管轄を定める規定である。国際裁判管轄に関する家
事法の他の規定におけると同様、ここで示される日本民法の規定も、
具体的事案において単位事件類型を検討する際の手がかりを与える
に過ぎないと解すべきことは当然である。

①には、例えば、子に関する特別代理人の選任の審判事件（民法
826 条）、第三者が子に与えた財産の管理に関する処分の審判事件
（民法 830 条 2 項）、親権喪失の審判事件（民法 834 条）、養子の離縁
後に親権者となるべき者の指定の審判事件（民法 811 条 4 項）、親権
者の変更の審判事件（民法 819 条 6 項）などが含まれる。「親権」と
は、日本民法では、父母の地位から生ずる法的な権利義務の総称で
あり、子の身上監護を行う権限と子の財産管理を行う権限を含むも
のとされるが、監護権のみの喪失や監護権者の変更も本条に含めて
差し支えないと解される。

②は、父母が協議上の離婚をするとき等において子の監護者の指
定、面会交流、子の引渡等について父母間の協議が整わないとき等
に、家庭裁判所がこれを定める等の審判事件（民法 766 条 2 項およ
び 3 項）等を想定している。子の監護に要する費用の分担に関する
処分の審判事件は扶養の問題として扱われるため、ここでは除かれ
ている。（☞後述（4））

本条における「子」は未成年者を指すものと解される。未成年者

であるか否かは、子の本国法に従うことになろう。

（イ）管轄原因

　家事法３条の８は、子の住所（住所がない場合または住所が知れない場合には、居所）が日本国内にあるときに、日本の裁判所が国際裁判管轄を有すると定める。

　一般に、子の身分関係に関する事件においては、子の利益を重視する趣旨に基づき、子の生活状況等や子の意思に関して十分な調査を行ったうえで当該子につき適切な判断を下すことが裁判所に求められる。子の住所等が日本国内にある場合には、子の生活状況等に関する資料が日本国内に多く存在するのみならず、日本の裁判所が子の意思を直接に確認することも困難ではないと考えられるから、日本の裁判所が適切かつ迅速な審理・裁判をすることは可能であると解される。

　「住所」とは人の生活の本拠であり、「居所」とは人が多少の期間継続して居住する場所を意味する。ある者の住所や居所がどこにあるかに関しては、裁判所が、事案ごとに当事者の生活および活動の状況などを考慮して実質的に判断する。例えば、子が日本から外国に連れ去られて現在は外国にいるという場合、そのことのみをもって当該子の住所が当該外国にあるとするのではなく、その経緯や事情を実質的に検討した上で、当該子の住所が日本にあるか否かを判断する。

　父または母を同じくする数人の子がある場合の親権者の変更の審判事件においては、親権者を変更することが子の利益に合致するか否かにつき、それぞれの子ごとに判断される。そのため、国際裁判管轄の有無も、親権者の変更が問題となるそれぞれの子ごとに判断

されることになる。数人のうちの一人の子の住所が日本国内にある場合、日本の裁判所に国際裁判管轄が認められるのは当該子に関する事件に関してのみであって、日本国内に住所を持たないその他の子に関する事件についての管轄権は認められない。父または母を同じくする数人の子が複数の国々に分かれて居住している場合は、国内事件（家事法167条括弧書）とは異なり、裁判所の判断に用いられる資料（各々の子の生活状況等に関する証拠等）が共通しているとは限らないからである。

設例Ⅲ-2-4 においては、子Ｄは日本に住所を有しているので、特別の事情（家事法3条の14）がない限り、家事法3条の8により、日本が国際裁判管轄を有するのに対し、Ｃは日本に住所を有していない（住所は乙国にある）ため、日本に国際裁判管轄は認められないことになろう。

---

(4) 扶養に関する審判事件

◆ 設例Ⅲ-2-5 ◆

甲国に居住する夫Ａ（甲国人）と妻Ｂ（日本人）の間に子Ｃ（甲国籍と日本国籍）が誕生した。しかし、その後、Ａ・Ｂは離婚し、Ｃの監護権を得たＢは、Ｃを連れて日本に戻った。Ｂは日本で働きながらＣを育てていたが、折からの不況により職を失い、Ｃを養育することが困難になった。そこで、ＢはＡに対しＣの養育費を求める申立てを日本の裁判所に行った。日本は、この事案につき国際裁判管轄を有するか。

(ア) 単位事件類型

家事法3条の10は、夫婦、親子その他の親族関係から生ずる扶

143

養の義務に関する審判事件の国際裁判管轄につき規定する。本条は、
①扶養義務の設定の審判事件、②扶養義務の設定の取消しの審判事
件、③夫婦間の協力扶助に関する処分の審判事件、④婚姻費用の分
担に関する処分の審判事件、⑤子の監護に要する費用の分担に関す
る処分の審判事件、⑥扶養の順位の決定およびその決定の変更また
は取消しの審判事件、⑦扶養の程度または方法についての決定およ
びその決定の変更または取消しの審判事件を想定している（別表第
一84項および85項、別表第二1項ないし3項（3項については子の監
護に要する費用分担に関する処分に限る）、9項および10項参照）。

　条文上、例えば、①は、直系血族および兄弟姉妹以外の三親等内
の親族間（おじ、おば等）において、扶養の義務を負わせる旨の審
判（民法877条2項）、⑤は、父母が協議上の離婚をするとき等にお
いて、子の監護に要する費用（養育費）の分担について父母間の協
議が調わないとき等に、これを定める審判（民法766条2項および3
項）、⑥は、複数の扶養義務者がいる場合において、扶養をすべき
者の順序についての協議または審判があった後、事情の変更が生じ
たときに、その順序を定める協議または審判を変更する旨の審判
（民法880条）をそれぞれ示しているが、外国法上の扶養の問題を排
除するものではないことはもちろんである。

（イ）管轄原因

　家事法3条の10は、日本の国際裁判管轄が認められる場合とし
て、扶養義務者（扶養義務の設定の審判事件においては扶養義務を負
うこととなる者）であって申立人でないもの、または扶養権利者（子
の監護に要する費用の分担に関する処分の審判事件においては子の監護
者または子）の住所（住所がない場合または住所が知れない場合には、

居所）が日本国内にあるときを挙げている。

　扶養義務者等が申立人でない場合においてその者の住所等が日本国内にあることが管轄原因の1つとされたのは、本条の対象が扶養のための金銭的負担を負うのは誰かという問題に関わるものであり、実質的には財産権上の争いに類似するものであるため、訴訟における被告の応訴の負担と同様の考慮が必要であると考えられたことによる。したがって、扶養義務者等が申立人である場合には、たとえその者が日本国内に住所等を有していたとしても、それだけでは足りず、相手方となる扶養権利者等の住所等も日本になければ、日本の国際裁判管轄は認められないことになろう。

　もう1つの管轄原因が、扶養権利者の住所等が日本国内にあるときとされているのは、本条の事件類型においては、扶養権利者の保護を重視すべきであると考えられるからである。同様に、子の監護に要する費用の分担に関する処分の審判事件において、子の監護者または子の住所等が日本にあれば、たとえ扶養義務者が外国に居住している場合であっても、日本に国際裁判管轄が認められ得るのは、子の側の利益を重視するが故である。

　扶養に関する権利義務は、扶養権利者と扶養義務者の身分関係に基づいて両者間に生ずるものであるから、扶養義務者が複数いる場合には、扶養権利者は、各扶養義務者に対して個別に扶養を求めることができる。したがって、1つの申立てにより複数の扶養義務者に対する扶養義務の設定の審判が求められた場合には、裁判所は、扶養義務者ごとに、個別に扶養義務の有無を判断することとなる。このように、複数の扶養義務者に対する扶養義務の設定の審判事件においては、対象となる扶養義務者ごとに審判事項が異なる扱いになるため、各審判事項につき個別に国際裁判管轄の有無を判断しな

Ⅲ　家族法領域の国際裁判管轄

145

ければならない（なお、家事審判事件に関しては、公益の観点から、家事審判事項ごとに適切に管轄裁判所を定める必要があると考えられていることから、民訴法とは異なり、家事法にはいわゆる併合管轄規定は置かれていない。民訴法における併合管轄については、☞**第Ⅱ章 11.**）。

　例えば、一人の扶養権利者が複数の扶養義務者に対して扶養義務の設定の審判を求める場合、扶養権利者が日本に住所等を有しているならば、扶養義務者の住所等が日本国内にあると否とにかかわらず、日本はすべての扶養義務者に対する扶養義務の設定の審判事件につき国際裁判管轄を有することになる。これに対し、扶養権利者が日本に住所等を有していない場合には、日本に住所等を有する扶養義務者に対する扶養義務の設定の審判事件についてのみ、日本は国際裁判管轄を有することになる。

　また、扶養義務者Aが他の扶養義務者Bに対して扶養の順位の決定の変更を求める審判事件においては、扶養権利者CとAとの関係に係る審判事項と、CとBとの関係に係る審判事項が含まれているため、これらの2つの審判事項につき個別に国際裁判管轄の有無を検討する必要がある。

　家事法3条の10においては、扶養義務者の差押可能財産が日本国内に存在していても、日本の国際裁判管轄は認められない。本条の審判事件は、身分関係の当事者の経済状況や生活水準等を総合的に考慮して判断されるべきものであって、扶養義務者の個別の財産に着目すべきではないと考えられ、そうであるならば、扶養義務者の財産の所在地を管轄原因とするのは適切ではないからである。

　また、扶養権利者や扶養義務者が日本国籍を有するか否かも、国際裁判管轄の判断には関係しない。この種の事件は財産権上の給付を求めるという性質が色濃く、事件と国籍との関連は必ずしも強く

ないことや、たとえ当事者が日本国籍を有していたとしてもそのいずれの当事者も日本国内に住所等を有していない場合に、日本の裁判所が当事者の経済状況や生活水準その他を総合的に考慮して管轄権の有無を判断することは困難だからである。

　設例Ⅲ-2-5 においては、子C、またはその監護者であるBの住所が日本にあるから、特別の事情（家事法3条の14）がない限り、日本は国際裁判管轄を有するものと解される（家事法3条の10）。

> **(5)財産分与に関する**
> **　審判事件**

◈ **設例Ⅲ-2-6** ◈

　夫A（甲国人）と妻B（日本人）は甲国において生活してきたが、Aの不貞を契機として2人は不仲となり、Bは単身日本に戻ってしまった。日本には、A・B共有名義の不動産が所在する。BがAに対し財産分与を求める裁判を日本の裁判所に申し立てた場合、日本は国際裁判管轄を有するか。

（ア）単位事件類型

　家事法3条の12は、財産の分与に関する処分の審判事件（別表第二4項）に関する国際裁判管轄につき規定する。この財産分与に関する処分の審判事件とは、家庭裁判所が、協議離婚等をした当事者の申立てにより、夫婦の共同財産についてその分与に関する処分をする審判（民法768条2項）をする事件等を想定しているが、外国法上の財産分与に関する事件を排除するものではないことは言うまでもない。

（イ）管轄原因

　家事法3条の12は、管轄原因として、①夫または妻であった者の一方からの申立てであって、他の一方の住所（住所がない場合または住所が知れない場合には、居所）が日本国内にあるとき、②夫であった者および妻であった者の双方が日本の国籍を有するとき、③日本国内に住所がある夫または妻であった者の一方からの申立てであって、夫であった者および妻であった者が最後の共通の住所を日本国内に有していたとき、④日本国内に住所がある夫または妻であった者の一方からの申立てであって、他の一方が行方不明であるとき、他の一方の住所がある国においてされた財産の分与に関する処分に係る確定した裁判が日本国で効力を有しないときその他の日本の裁判所が審理および裁判をすることが当事者間の衡平を図り、または適正かつ迅速な審理の実現を確保することとなる特別の事情があると認められるとき、の4つを規定する。

　これらのうち、①は、審判手続に巻き込まれる相手方の負担を考慮したものである。②は、これに該当する場合には、当事者双方とも日本と関連性を有しており、日本で裁判を行うことは双方にとって公平であると解されることを理由とする。④は、特別の事情があることを要件として、申立人の権利保護を図る趣旨である。

　財産分与は、専ら婚姻生活の終了による清算としての意味を有するものであるから、夫婦の婚姻生活の状況や財産の内容等を考慮して、婚姻中に形成された総体としての夫婦の共同財産全体を分割すべきものであって、個別の財産の処分を目的とするものではないと解されている。そのため、財産分与の対象に含まれる個別の財産の所在地に着目した管轄原因は定められていない。

　設例Ⅲ-2-6 のように、甲国人夫Aと甲国で生活してきたものの

不仲となって日本へ単身帰国し、現在は日本に居住する日本人妻Ｂが、Ａに対し財産分与を申し立てる場合、家事法３条の12によれば、たとえ夫婦財産を構成する不動産の１つが日本に所在していても、日本の国際裁判管轄は認められないことになろう。もっとも、仮に、甲国（Ａの住所地国）法が、不動産に関し当該不動産の所在地国のみが国際裁判管轄を有すると規定している場合には、日本所在の不動産について日本のみならず甲国においても財産分与をすることができず、その他の国でも行い得ないとするならば、当該財産分与をめぐる争いは解決できないままになってしまう。そのため、そのような場合には日本の裁判所に緊急管轄を認めるべきとの見解がある。

なお、附帯処分との関係で、人訴法３条の４第２項は、日本の裁判所が婚姻の取消しまたは離婚の訴えについて管轄権を有する場合、家事法３条の12各号のいずれかに該当するときは、人訴法32条１項の財産分与に関する事件についても日本の裁判所が管轄権を有する旨を規定している（☞前述１.(4)(イ)）。

> **(6)特別の事情による**
> **訴えの却下**

◆ 設例Ⅲ-2-7 ◆

甲国人Ａは甲国に財産を残して甲国で死亡した。Ａの相続人であるＢとＣ（ともに甲国居住の甲国人）は、２人にとって中立的、かつ、公平な裁判を期待できる国として日本を選び、日本の裁判所にのみ遺産分割に関する審判事件の申立てをすることができる旨の合意をした。その後、ＢはＣに対する遺産分割に関する審判事件を日本の裁判所に申し立てた。日本は、この事件につき国際裁判管轄を有するか。

　家事法は、基本的に、一定の単位事件類型ごとに、日本の裁判所が適正に審理・裁判し得ると考えられる場合を管轄原因として個別に規定している。しかし、そのような管轄原因があると認められる場合であっても、証拠や当事者・関係人の所在等の状況から見て、日本と事案との関連性が薄いと考えられる場合もあろう。そのような場合には適正かつ迅速な審理の実現の見地から、また、相手がある事件については当事者間（申立人と相手方との間）の衡平の観点から、日本の裁判所において審理・裁判をすることが適切ではないと解される場合には、一定の要件のもと、日本の裁判所はその申立ての全部または一部を却下することができる（家事法3条の14）。

　特別の事情による訴えの却下に関する規定は、民訴法や人訴法にも置かれているが、それらは微妙に内容を異にする。例えば、未成年者である子の利益は、財産関係訴訟に関する民訴法3条の9には登場しないのに対し、人訴法3条の5や家事法3条の14では考慮要素とされている。また、後見的要素が重視されている家事事件には、相手方のいる事件のみならず、相手方のない事件類型も存在する。そこで、家事法3条の14は、相手方のいない事件に関しては、事案の性質、申立人以外の事件の関係人の負担の程度、証拠の所在地、未成年者である子の利益その他の事情を考慮要素として明示し、相手方のある事案については、これらに加えて、申立人と相手方との間の衡平の考慮をも求めている。しかし、人訴法3条の5においては、相手方のいない事件は想定されていない。

　なお、日本の裁判所にのみ申立てをすることができる旨の合意に基づき、遺産の分割に関する審判事件の申立てが日本の裁判所になされた場合は、本条から除かれる（家事法3条の14括弧書。遺産分割の審判事件につき、☞後述3.(2)(ウ)）。これは、もっぱら日本の

裁判手続を利用して紛争解決を図ろうとした当事者の意図を尊重するとともに、日本の裁判所を専属管轄とする合意により他国裁判所の管轄権が否定され、かつ、本条により日本においても申立てが却下されるならば、紛争解決を図る途が絶たれてしまうといった事態を避ける趣旨である。

　設例Ⅲ-2-7 は、遺産分割に関する審判事件の申立てにつき、事案自体は日本との関連性が極めて薄いものの、B・C間には日本の裁判所を専属管轄とする合意が成立しているから、家事法3条の14括弧書に基づき、日本はこの事件につき国際裁判管轄を有するものと解される。

3. 相続関連裁判

(1)相続関連訴訟

◈ 設例Ⅲ-3-1 ◈

　日本に住所を有する日本人Aが日本で死亡した。Aの弟B（日本居住の日本人）は、Aが生前、A・Bの母であるCの生命保険契約を無断で解約しCの財産を違法に取得したことについて、BはAに対する損害賠償請求権を有していると主張し、Aの死亡により、当該損害賠償の支払をAの妻D（甲国人、甲国居住）に求める訴えを日本の裁判所に提起した。日本は、この訴えにつき国際裁判管轄を有するか。

(ア) 単位事件類型

　相続は、被相続人（死者）の財産が、その者と一定の身分関係を

151

有していた者によって承継される仕組みであり、まさに、財産法と家族法が交錯する領域であるといえよう。日本の裁判所において、相続をめぐる事件は、訴訟の形で争われる場合と家事事件の形で争われる場合とがある。

　相続関連訴訟の国際裁判管轄規定は民訴法に置かれている。まず、被告の住所等が日本国内にあれば、日本の裁判所に管轄権が認められるが（民訴法3条の2）、これに該当しない場合であっても、相続財産が日本国内にあるとき（民訴法3条の3第3号）、以下に述べる同法3条の3第12号または同条13号の要件を満たすとき、当事者間で日本の裁判所に訴えを提起できる旨の合意をしたとき（民訴法3条の7）、被告が応訴したとき（民訴法3条の8）には、特別の事情がない限り（民訴法3条の9）、日本に国際裁判管轄が認められ得る。

　民訴法3条の3第12号は、①相続権もしくは遺留分に関する訴え、②遺贈その他死亡によって効力を生ずべき行為に関する訴えを、同条13号は、③相続債権その他相続財産の負担に関する訴えで前号に掲げる訴えに該当しないものを、それぞれ単位事件類型として規定する。①のうち、相続権に関する訴えの例としては相続権存否確認訴訟、遺留分に関する訴えの例としては遺留分減殺請求訴訟や遺留分確認訴訟、②の例としては、遺贈や死因贈与等の行為により発生する権利に基づく給付訴訟が、それぞれ挙げられる。また、③については、例えば、相続によって相続人が承継すべき被相続人の債務の履行を求める訴え、葬式費用、遺言執行費用等の相続開始後に生じる費用に関する給付の訴えが、これに該当する。

（イ）管轄原因

　民訴法3条の3第12号は、管轄原因として、相続開始時におけ

る被相続人の住所が日本国内にあるとき、住所がない場合または住所が知れない場合には相続開始時における被相続人の居所が日本国内にあるとき、居所がない場合または居所が知れない場合には被相続人が相続開始の前に日本国内に住所を有していたとき（日本国内に最後に住所を有していた後に外国に住所を有していたときを除く）、と規定する。同条 13 号も、管轄原因については 12 号と同様である。

　一般に、相続開始時の被相続人の住所（または居所）は相続関係の中心となる地であり、そこには相続に関する証拠が多く所在する可能性が高いと考えられる。相続人や相続財産が複数の国々に分かれて存在しているような事案であっても、被相続人の住所地国において訴訟を一括して行うことが可能ならば、適正かつ迅速な紛争解決が期待されよう。ただし、外国居住の被告にとって日本における応訴の負担が過度に重くなる等の場合には、民訴法 3 条の 9 に基づき訴えを却下すべきであろう。

　民訴法 3 条の 3 第 12 号の「相続開始の時」は、明文規定はないものの、被相続人の死亡時と解される（日本民法 882 条参照）。一般に、国際裁判管轄の標準時は訴えの提起時とされる（民訴法 3 条の 12）が、相続関連訴訟における管轄原因の有無は、被相続人の死亡時を基準して判断されることになろう。

　設例Ⅲ-3-1 は、相続債権に関する訴えに関するものであり、相続開始時における被相続人Ａの住所は日本国内にあったから、日本は、特別の事情（民訴法 3 条の 9）がない限り、国際裁判管轄を有することになろう（民訴法 3 条の 3 第 13 号）。

（2）相続関連家事事件

◈ 設例Ⅲ-3-2 ◈

　実子を持たない日本人A（日本居住）は、弟B（日本人）の実子C（日本人）を養子として迎え、一生懸命に養育した。しかし、Cは、成人後、Aに無断で甲国に移住し、日本に帰国した際も、病気で入院・手術を繰り返しているAを見舞うこともせず、逆に金をせびるなどした。また、A・B間で争われた別件訴訟においてBを一方的に支持したCは、Aに対する恫喝まがいの電話や嫌がらせを毎日繰り返して訴えの取下げを迫り、このことがAの病状を悪化させる一因となった。そこで、AはCを推定相続人から廃除することを決意し、Aの遺言執行者Dにその旨を伝えた後、Aは日本で死亡した。DはCに対する推定相続人の廃除の審判を日本の裁判所に申し立てた。日本の裁判所は、本件審判につき国際裁判管轄を有するか。

（ア）単位事件類型

　相続に関する審判事件の国際裁判管轄に関する規定は、家事法3条の11に置かれている。本条1項は、より具体的には、推定相続人の廃除（推定相続人の廃除、推定相続人の廃除の審判の取消し、推定相続人の廃除の審判またはその取消しの審判の確定前の遺産の管理に関する処分）、相続財産の保存に関する処分（令和3年改正法により追加）、相続の承認および放棄（相続の承認または放棄をすべき期間の伸張、限定承認または相続の放棄の取消しの申述の受理、限定承認の申述の受理、限定承認の場合における鑑定人の選任、限定承認を受理した場合における相続財産の清算人の選任［令和3年改正法により改正］、相続の放棄の申述の受理）、財産分離（財産分離、財産分離の請求後の相続

財産の管理に関する処分、財産分離の場合における鑑定人の選任）、相続人の不存在（相続人の不存在の場合における相続財産の清算に関する処分［令和 3 年改正法により改正］、相続人の不存在の場合における鑑定人の選任、特別縁故者に対する相続財産の分与）、遺言（遺言の確認、遺言書の検認、遺言執行者の選任、遺言執行者に対する報酬の付与、遺言執行者の解任、遺言執行者の辞任についての許可、負担付遺贈に係る遺言の取消し）、遺留分（遺留分を算定するための財産の価額を定める場合における鑑定人の選任、遺留分の放棄についての許可）、遺産の分割（遺産の分割、遺産の分割の禁止、寄与分を定める処分）に関するものを対象とする（別表第一 86 項ないし 110 項および 133 項、別表第二 11 項ないし 14 項参照）。

（イ）管轄原因

　家事法 3 条の 11 第 1 項は、管轄原因として、①相続開始の時における被相続人の住所が日本国内にあるとき、②住所がない場合または住所が知れない場合には相続開始の時における被相続人の居所が日本国内にあるとき、③居所がない場合または居所が知れない場合には被相続人が相続開始の前に日本国内に住所を有していたとき（日本国内に最後に住所を有していた後に外国に住所を有していたときを除く）を挙げる。

　管轄原因①は、このような場合には、一般に、相続財産や相続に関する証拠等が日本国内に多く存在する可能性が高く、日本の裁判所は事件を適切に処理し得ると解されるからである。②は、そのような居所には、相続開始時における被相続人の住所の次に相続に関する証拠等が存在すると考えられるためである。③は、相続開始時において、世界中のどこにも被相続人の住所や居所がない場合、ま

たはその所在が知れない場合であっても、被相続人の相続関係を処理するため、少なくとも１ヵ所は世界中のどこかに国際裁判管轄が認められるようにする必要があることによる。もっとも、一般的に、相続に関する証拠等は、相続開始時により近い時点において被相続人が住所を有していた国に多く存在し得ると考えられるため、被相続人が相続開始の前に日本国内に住所を有していたとしても、その後に外国に住所を有していたと認められる場合には、日本は国際裁判管轄を有しないとされている。なお、事柄の性質上、相続開始前に申し立てることが可能な審判事件（推定相続人の廃除、推定相続人の廃除の審判の取消し、遺言の確認、遺留分の放棄についての許可）に関しては、家事法３条の11第１項の「相続開始の時における被相続人」は「被相続人」に、「相続開始の前」は「申立て前」に、各々読み替える必要がある（同条２項）。

　家事法３条の11第１項が定める単位事件類型のうち、暫定的な相続財産の保存や管理を内容とするもの、すなわち、推定相続人の廃除の審判またはその取消しの審判の確定前の遺産の管理に関する処分、相続財産の保存に関する処分、限定承認を受理した場合における相続財産の清算人の選任、財産分離の請求後の相続財産の管理に関する処分、相続人の不存在の場合における相続財産の清算に関する処分の各審判事件に関しては、管轄原因として、さらに、「相続財産に属する財産が日本国内にあるとき」が加えられている（同条３項）。これらの場合には、日本の裁判所が当該財産の状況を的確に把握して適切な判断をなし得ることや、当該財産の保存または管理の実効性を確保する必要性があることから、日本に国際裁判管轄を認めることには合理性があるものと思われる。したがって、例えば、被相続人の住所等は日本にないが、遺産に含まれる財産は日

本にあるという場合、その遺産分割の審判事件については日本に国際裁判管轄が認められないものの、その遺産の管理については日本に国際裁判管轄が認められることになる。

（ウ）遺産分割の審判事件と管轄の合意

　基本的に身分的法律関係を審判対象とする家事事件の国際裁判管轄に関しては、公益保護の観点が重視されるため、管轄に関する当事者の合意は認められない。しかし、遺産に関する実体法上の権利義務は、原則として相続人の協議により任意に処分できるものと解されており、また、身分関係以外の事件類型（例えば財産事件）では、当事者の合意は管轄原因として認められている。そうであるならば、遺産分割を実現する手続において当事者の任意の意思を尊重することは、むしろ合理的であるともいえよう。そこで、家事法3条の11第4項は、遺産分割、遺産分割の禁止、寄与分を定める処分に関する各審判事件については、同条1項に規定される管轄原因のほかに、当事者の合意によりいずれの国の裁判所に申立てをするかを定めることができる旨を規定している（なお、遺産の分割に関する審判事件とは、遺産の分割について、共同相続人間に協議が調わないとき等に、共同相続人の申立てにより、家庭裁判所がその分割をする審判（民法907条2項）をする事件等を想定している）。

　管轄の合意は、明確性の要請等から、書面（書面によってされたものとみなされる電磁的記録を含む）によることが要求される。この点につき、家事法3条の11第5項は、民訴法3条の7第2項および3項を準用する。また、外国裁判所にのみ遺産分割に関する審判事件の申立てを行い得る旨の専属管轄合意に関しては、民訴法3条の7第4項が準用される（家事法3条の11第5項。民訴法3条の7に

ついては☞**第Ⅱ章12.**）。

　以上からすると、例えば、相続人はごく短期間の来日経験を有するものの、被相続人は生前日本に居住したことがなく、相続財産も日本国内に存在しない等、日本との関連性がほとんど認められないような事案においても、相続人が日本の裁判所に遺産分割の審判事件を申し立てることができる旨の合意をしたときは、日本の国際裁判に管轄が認められることになる。

　なお、日本の裁判所にのみ申立てをすることができる旨の専属的管轄合意に基づく申立てについては、特別の事情による却下は認められない（家事法3条の14括弧書）。専属的管轄合意があるが故に他国裁判所には事件を申し立てることができないため、この場合に特別の事情による却下を認めるならば、当該遺産分割紛争を解決する途が絶たれてしまうおそれがあるからである。

　設例Ⅲ-3-2は、被相続人Ａを苦しませる行為を繰り返した推定相続人Ｃについて、Ａが日本で死亡した後に、Ａの遺言執行者Ｄが、推定相続人廃除の審判を日本の裁判所に申し立てた事案である。家事法3条の11第1項は、推定相続人の廃除につき、相続開始の時における被相続人の住所が日本国内にあるときを管轄原因の1つに定めており、本設例はこれに該当する。したがって、特別の事情（家事法3条の14）が認められない限り、日本は国際裁判管轄を有することになろう。

4.　家事調停事件

(1)原則

　家事調停事件とは、離婚や夫婦間の協力扶

助に関する紛争など、申立人と相手方の存在が想定される家庭に関する事件につき、その当事者の話し合いと合意によって解決を図る事件をいう。家事調停事件に関する国際裁判管轄に関しては、家事法3条の13第1項が3つの管轄原因を規定する。

　まず、「当該調停を求める事項についての訴訟事件又は家事審判事件について日本の裁判所が管轄権を有するとき」（1号）が管轄原因とされている。このように、家事調停事件の管轄原因を、当該調停事項に係る訴訟事件や家事審判事件の管轄原因と一致させているのは、家事調停において合意に至らないときには、最終的に訴訟や家事審判による解決が図られる場合もあり、また、訴訟事件や家事審判事件の開始後でも、話し合いによる解決が見込まれるときには、家事調停に付すことが想定されるからである。また、例えば、離婚を求める家事調停事件につき日本に国際裁判管轄が認められるときは、その当事者間の子の監護者の指定等に関しても日本に国際裁判管轄を認めて差し支えないものと思われる（人訴法3条の4第1項☞前述1.(4)(ア)）。

　次に、「相手方の住所」等「が日本国内にあるとき」（2号）が管轄原因とされているのは、相手方の住所等のある地において家事調停を行うことが当事者間の衡平の理念に合致すると考えられたためである。

　さらに、「当事者が日本の裁判所に家事調停の申立てをすることができる旨の合意をしたとき」（3号）にも、日本の国際裁判管轄が認められる。家事調停は当事者間の協議により円満な紛争解決を目指す手続であるから、当事者による合意管轄を認めることには合理性があるものと解される。なお、この管轄合意については、民訴法3条の7第2項および3項が準用される（家事法3条の13第2項）。

(2)例外

　　　　　　　　　　　　　　人事訴訟（ただし、離婚および離縁の訴えを除く）の対象事項に係る家事調停事件については、その管轄原因が家事法3条の13第1項1号のみに限定される（同条3項）。これらの家事調停事件は簡易な人事訴訟としての性格を有しており、人事訴訟と同様の規律を課すことにより両者間で整合性を確保する必要があると考えられたためである。また、これらの家事調停事件は、本人の自由意思による処分には適さない公益性の高い身分関係の発生、変更、消滅に関する事項を扱うため、仮に当事者間に合意が成立しても、調停によっては終了せず（家事法268条4項）、家庭裁判所が、事実関係を調査したうえで、合意に相当する審判を行うこととされている（家事法277条1項）。

　なお、離婚および離縁も、同様に人事訴訟によって解決すべき事項であるが、もともと当事者間の話し合いにより解決を図ることができるものと解されているため、こうした例外扱いは受けない。したがって、離婚および離縁に係る家事調停事件については、家事法3条の13第1項1号から3号までの規律がそのまま適用される（同条3項括弧書参照）。

5. ハーグ子奪取条約の実施手続

（1）概説

◆ 設例Ⅲ-5-1 ◆

　甲国において、甲国人夫Ａと日本人妻Ｂ、そして２人の間に誕生した子Ｃ（甲国と日本の二重国籍、５歳）が暮らしていた。Ａからの暴力に耐えきれなくなったＢは、ある日、Ａに無断で、Ｃを連れて日本のＢの実家に逃げ帰った。他方、ＡはＣを甲国に返して欲しいと考えている。Ａはどのような手段をとることができるだろうか。

　設例Ⅲ-5-1 のような事案において、子を元の常居所地国に迅速に返還することが子の利益に適うとの前提に立ち、締約国間における子の迅速な返還等のための種々の協力体制の構築を意図したものが、1980 年にハーグ国際私法会議において採択されたハーグ子奪取条約である。本条約は、国境を越えた子の不法な連れ去りおよび留置に対し、各国の中央当局が窓口となって常居所地国への子の迅速な返還および（特に、子を連れ去られた親と子との）面会交流（条約の用語では「接触」）の実現のために協力し合い、各国の司法機関等もまたこれに積極的に対応することを想定している。日本はハーグ子奪取条約に 2014 年から参加し、「国際的な子の奪取の民事上の側面に関する条約の実施に関する法律」（以下、「実施法」という）や「国際的な子の奪取の民事上の側面に関する条約の実施に関する法律による子の返還に関する事件の手続等に関する規則」をはじめとする関連諸法規に基づいて、条約目的の達成に努めている。なお、

ハーグ子奪取条約における日本の中央当局は、外務大臣である（実施法3条）。

> **(2)子の返還申立事件の手続**

設例Ⅲ-5-1で、子Cを日本に連れ去られた父Aは、日本の裁判所に子Cの返還の申立てを行うことができる（なお、ハーグ子奪取条約8条は、Aが子の元の常居所地国やその他の締約国の中央当局に子の返還確保のための援助申請を行うことも認めている）。ここでいう裁判所とは家庭裁判所を指し、子の住所（ないし居所）が東京、名古屋、仙台、札幌各高等裁判所の管轄区域内にある場合は東京家庭裁判所、大阪、広島、福岡、高松高等裁判所の各区域内にある場合は大阪家庭裁判所が管轄を有する（実施法32条1項）。このように申立先を2庁に限定したのは、事例を特定の裁判所に集中させることにより、国際的子奪取に関する専門的知見や経験、ノウハウを蓄積する必要があると考えたためである。子の住所等が日本国内にないとき等については東京家庭裁判所が管轄を有する（同条2項）。例えば、兄弟姉妹など数人の子について併合して子の返還申立てを行うことも可能であり、その場合には、そのうちの1人の子について管轄を有する裁判所に申立てをすることができる（実施法33条）。また、第1審に限ってではあるが、当事者は、東京家庭裁判所、大阪家庭裁判所のいずれかを管轄裁判所と定めることができる（実施法36条）。

当事者は、申立人（日本への子の連れ去りや日本における子の留置によって、子についての監護の権利を侵害された者）と相手方（現在子を監護している者）である（実施法26条）。申立人は相手方に対し、子を常居所地国に返還するよう求めることはできるが、自己に引き渡すよう求めることはできないと解される（同条参照）。返還対象

となる子は、（意思能力があれば）手続に参加でき（実施法48条1項）、裁判所が相当と認めるときは、職権で子を手続に参加させることもできる（同条2項）が、子の年齢および発達の程度その他一切の事情を考慮して、子の手続参加が子自身の利益を害すると認められる場合は、参加の申し出は却下される（同条4項）。なお、家庭裁判所に対しては、子の意思の把握に努め、これを考慮するよう求める一般規定が置かれている（実施法88条）ほか、後述（☞(3)）の返還拒否事由（実施法28条）においても子の意思が考慮される局面が存在する。

　家庭裁判所は、職権で事実の調査を行い、かつ、申立てによりまたは職権で証拠調べをしなければならない（実施法77条1項）が、一定の事項（後述の返還拒否事由に関するもの）についての資料は申立人および相手方がそれぞれ提出するものとし、また、当事者は事実の調査および証拠調べに協力することが求められている（同条2項）。

　子奪取事案の多くは、同時に夫婦間での子の監護権（親権）争いの問題も抱えているが、そのような問題はハーグ子奪取条約の範囲外である（ハーグ子奪取条約16条）。したがって、**設例Ⅲ-5-1**で、AがBに対して実施法に基づく子Cの返還を日本の裁判所に申し立て、かつ、AがBに対して離婚および監護権を求める裁判を求めた場合、前者に関しては実施法32条1項により、後者に関しては人訴法3条の2第1号および人訴法3条の4第1項等により、いずれも日本の国際裁判管轄が認められることになろう。ただし、親権者の指定や子の監護に関する処分についての審判事件が日本の裁判所に係属している場合には、外務大臣または子の返還申立て事件が係属する裁判所から審判事件が係属している裁判所に対して、その子について不法とされる連れ去りがあった旨通知されたときは、後

者の裁判所は当該審判事件について裁判をしてはならないと定められている（実施法 152 条本文）。結局、このような場合には、子の返還申立事件から審理されることになろう。

　実施法の大きな特色の 1 つは、出国禁止命令および外務大臣による旅券の保管につき規定していることである。すなわち、子の返還申立事件が係属する家庭裁判所は、一方当事者の申立てにより、子を日本国外に出国させるおそれがある他方当事者に対し、子を出国させてはならない旨を命ずることができ、他方当事者が子を名義人とする旅券を所持するときは、申立てにより、当該旅券の外務大臣への提出を命じなければならず（実施法 122 条 1 項・2 項）、外務大臣は当該旅券を保管しなければならないと定められている（実施法 131 条 1 項）。審理の途中で子が日本国外に去るならば、子の返還事由は充足されないことになる（実施法 27 条 2 号）が，子名義の旅券を外務大臣の保管に委ねることにより、こうした事態の発生を防止するための措置である。

　子の返還申立事件の手続は非公開である（実施法 60 条本文。同条但書は相当と認める者の傍聴は許している）。これは、本手続が子をいったん常居所地国に返還させるか否かを判断するものであり、憲法 82 条（裁判の公開）が対象とする実体的権利義務関係の存否確定のための手続ではないこと、子の利益や関係者のプライバシー保護の必要性が高いと解されること等を理由とする。

　家庭裁判所は、子の返還申立事件が裁判をするのに熟した場合、終局決定をする（実施法 92 条 1 項）。具体的には、子の返還申立てに理由があるときは子の返還を命ずる決定を行い、理由ありと認められないときは申立てを却下する決定を行う。前者はその確定により、後者は当事者への告知により効力を生ずる（実施法 93 条 2 項）。

　もっとも、子の返還申立事件は常に第1審終局決定をもって完了するわけではない。子の返還を命ずる決定に対しては相手方または子が、子の返還の申立てを却下する決定に対しては申立人が、即時抗告することができる（実施法101条1項・2項）。そして、高等裁判所の終局決定に憲法の解釈の誤りがあることその他憲法の違反があることを理由とするときは、最高裁に特別抗告をすることができ（実施法108条1項）、最高裁の判例などと相反する判断がある場合その他の法令の解釈に関する重要な事項を含むと認められる場合には、申立てにより、許可抗告をすることができる（実施法111条1項・2項）。また、子の返還を命ずる終局決定をした裁判所は、子の返還を命ずる終局決定が確定した後に、事情の変更によりその決定を維持することを不当と認めるに至ったときは、当事者の申立てにより、その決定を変更することができる（実施法117条1項本文）。さらに、実施法119条1項は、確定した終局決定その他の裁判（事件を完結するもの）に対して、再審の申立てを認めている。

> **(3)子の返還事由と返還拒否事由**

　子の返還申立事件において検討の中心になるのは、多くの場合、子の返還事由および返還拒否事由の有無についての判断であろう。

　裁判所は、以下に掲げる4つの子の返還事由がすべて認められる場合には子の返還を命じなければならない。すなわち、①子が16歳に達していないこと、②子が日本国内に所在していること、③常居所地国の「法令」によれば、当該連れ去りまたは留置が子についての申立人の監護権を侵害するものであること、④当該連れ去り時または当該留置開始時に、常居所地国が本条約の締約国であったことである（実施法27条1号ないし4号）。このうち、③の「法令」に

は判例や慣習法なども包含され、また、実質法のみならず国際私法も含まれると解される。

　しかし、次のいずれかの子の返還拒否事由が認められる場合には、裁判所は子の返還を命じてはならないとされる。ここでの返還拒否事由とは、①子の返還申立てが連れ去り（留置開始）時から1年経過後になされ、かつ子が新たな環境に適応していること、②申立人が、連れ去り（留置開始）時に子に対して現実に監護権を行使していなかったこと、③申立人が連れ去り（留置開始）の前にこれに同意し、または連れ去り（留置開始）の後に、これを承諾したこと、④常居所地国への子の返還によって、子の心身に害悪を及ぼすことその他子を耐え難い状況におくこととなる重大な危険があること、⑤子の年齢および発達の程度に照らして子の意見を考慮することが適当である場合において、子が常居所地国への返還を拒んでいること、⑥常居所地国への子の返還が日本国における人権および基本的自由の保護に関する基本原則により認められないことである（実施法28条1項1号～6号）。特に、④の有無の判断については、一切の事情を考慮するものとする（同条2項柱書）としたうえで、その考慮要素の例として、ⓐ常居所地国において子が申立人から身体に対する暴力その他の心身に有害な影響を及ぼす言動を受けるおそれの有無、ⓑ相手方および子が常居所地国に入国した場合に相手方が申立人から子に心理的外傷を与えることとなる暴力などを受けるおそれの有無、ⓒ申立人または相手方が常居所地国において子を監護することが困難な事情の有無の3つを挙げている（同項1号～3号）。このうち、ⓑは、子ではなく相手方に向けられる暴力等であっても、間接的には子に有害な影響を及ぼし得るとの判断に基づくものである。

（4）子の返還の執行手続　　　裁判所が返還決定を下しても、それが実現されないならば、当該決定は画餅で終わってしまう。確かに、実施法は、子の常居所地国への返還義務はできる限り自発的に履行されることが望ましいとの前提に立つ。また、子の返還を命ずる終局決定をした家庭裁判所は、権利者の申し出があるときは、子の返還義務の履行状況を調査し、義務者に対し、その義務の履行を勧告することができると規定する（実施法 121 条 1 項）が、勧告を行うだけでは返還義務が履行されない場合も生じ得よう。

　そこで、実施法は、子の返還申立事件において返還を命じられた者（債務者）がこれに応じない場合には、子の返還義務が履行されるまで、債務者に対し一定額の金銭の支払を命ずることによって、子を自発的に返還することを心理的に強制する執行方法（間接強制）や、執行裁判所が第三者に子の返還を実施させる決定をする方法（代替執行）によって、子の返還を実現できる旨を規定している（実施法 134 条以下、民執法 171 条 1 項、172 条 1 項等参照）。このうち、子の返還の代替執行は、債務者による監護から子を解放し返還実施を可能な状態にする解放実施のプロセスと、子を常居所地国に連れて行く等の方法で現実に常居所地国に戻す返還実施のプロセスから成る。解放実施においては、債務者から抵抗を受けた場合に一定の有形力を行使してこれを排除する必要が生ずる場面も想定されるため、解放実施者にはもっぱら執行官が指定される（実施法 138 条 1 項前段）。これに対し、自ら子を監護しながら子を常居所地国へ連れて行く返還実施者については、子の返還の強制執行の申立書に、返還実施者となるべき者の氏名および住所を記載させる方法によって、子の返還申立て事件の申立人（債権者）自身が候補者を特定す

る仕組みを採用している（実施法137条、実施規則84条1項3号）。これは、返還実施が子の監護を伴うものであり、子との間に良好な関係を構築し得る者が返還実施者として相応しく、裁判所が職権で適任者を指定することは困難であるとの考えに基づく。候補者は申立人に限らず、常居所地国で子と同居していた親族等でもよいと解される。代替執行により子の返還を実施させる決定を行う際、執行裁判所は解放実施者と返還実施者の両方を指定しなければならない（実施法138条1項）。もっとも、子が16歳に達した場合には、間接強制も代替執行も行うことができない（実施法135条）。なお、子の返還の執行については、民執法が一般（原則）規定、実施法が特別規定という関係となる点に注意する必要がある。

　実際のところ、子の返還決定が出されても執行不能で終わる事案は決して少なくなかった。そのため、強制執行の実効性をより高めるための検討が重ねられ、その結果、令和元年に関連法規の改正法が制定され（「民事執行法及び国際的な子の奪取の民事上の側面に関する条約の実施に関する法律の一部を改正する法律」令和元年法律第2号）、翌年施行されるに至った。主な改正点は、①間接強制前置に関する規律の見直し、②債務者の審尋に関する規律の見直し、③子と債務者の同時存在に関する規律の見直し、④執行官の権限などに関する規律の見直し、⑤子の心身への配慮に関する規律の新設の5点である。

　①は、これまでは、子の負担がより小さい強制執行方法から実施することが子の利益に適うとの見地から、間接強制の前置を必要的なものとしていたが、これを改め、一定の場合（例えば、間接強制によっても債務者が常居所地国に子を返還する見込みがないときや、子の急迫の危険を防止するため直ちに子の返還の代替執行をする必要があ

るとき）には、間接強制の手続を経ることなく、代替執行を行うことを可能とした（実施法 136 条 2 号・3 号）。

　②は、債務者を審尋することによって強制執行の目的を達することができない事情がある場合には、債務者への審尋を不要とする規定（実施法 138 条 2 項）を新設したものである。ここでの強制執行の目的とは、常居所地国へ子を迅速に返還することを指す。これまでは、この点につき実施法に規定がなかったため、原則規定である民執法 171 条 3 項に従い、債務者の審尋は常に必要とされていたが、そうすると、子の所在場所の変更など執行妨害の機会を債務者に与えることにもなりかねないため、このような規定が新設されたのである。

　③に関し、従来、子の返還の代替執行において、子が債務者とともにいること（同時存在の原則）を解放実施の要件としてきたのは、債務者にできる限り自発的に子の監護を解かせ、債務者の協力を得た上で返還を実施することが子の利益に資すると考えられたためである。仮に、債務者不在の場で子を連れ出すことを認めるならば、子の利益（債務者の協力を得てできる限り子に負担の少ない形で返還を実施すること）を奪うこととなり、また、子が事情を理解できぬまま恐怖や混乱を感じる等の事態の発生が懸念されたのである。しかしながら、現実の代替執行場面では、債務者による抵抗や子への働きかけにより子が親の選択を迫られる等の深刻な葛藤が子にもたらされる場面も少なくなかった。子が債務者とともにいることは、必ずしも代替執行による子の心身への負担軽減に結びつくものではなく、かえって子の心身に悪影響を及ぼすことが懸念された。また、同時存在を要件とすることによって、債務者が故意に執行の場所に立ち会わない等の方法を用いることで、代替執行を不能に至らせる

ことが容易になり、強制執行の実効性の確保が困難になる事案も生じていた。そこで、実施法140条1項前段は民執法175条5項を準用して、解放実施行為には債権者の出頭のみを要求することとしたのである（同条6項は、債権者代理人の出頭も可能としている）。

　④は、子の返還の代替執行における執行官の権限および当該権限の行使に係る執行裁判所の裁判について、実施法140条1項前段により民執法175条（8項を除く）が準用される。これにより、例えば、解放実施は、債務者や子のプライバシー保護を考慮して「債務者の住居その他債務者の占有する場所」で行われることが原則であるが（民執法175条1項）、執行官が相当と認めるときは、それ以外の場所においても占有者の同意を得て、または当該同意に代わる許可を執行裁判所より受けて解放実施などを行うことが可能となった（同条2項）。

　⑤は、民執法176条には新たに「執行裁判所及び執行官は、……子の引渡しの強制執行の手続において子の引渡しを実現するに当たっては、子の年齢及び発達の程度その他の事情を踏まえ、できる限り、当該強制執行が子の心身に有害な影響を及ぼさないように配慮しなければならない。」との規定が設けられた。同条は、実施法140条1項前段により子の返還の代替執行手続に、実施法141条3項により返還実施者に、それぞれ準用されることになった。

　子の返還の執行手続における子の利益の尊重と執行の実効性確保という、場合によっては衝突しかねないこの2つの要素をどのように調和させ保持すべきかについては、改正法の成果を踏まえつつ、今後も引き続き検討していく必要があろう。

Ⅳ　裁判権免除

◆ 設例Ⅳ-1 ◆

　連邦国家S国のT州は、日本企業A社との間でコンピュータの売買契約を締結したが、T州は履行期が到来した後も、売買代金の支払に応じようとしない。そこで、A社はT州を相手取り、日本の裁判所で訴訟を提起し、代金債務の履行を求めた。これに対して、T州は裁判権免除を理由として訴えの却下を求めた。本件訴えでは裁判権免除が認められるか。

◆ 設例Ⅳ-2 ◆

　U国は、自国への観光客誘致活動を日本で展開するために、日本在住の日本人Bを採用しようと考えて、内定通知を送付した。その後、労働契約の書面を交付することなく、試用期間と称して半年間にわたって、BをU国の日本事務所においてフルタイムで勤務させていた。ところが、U国は財政状況の悪化を理由として、Bに内定取消しを通知したことから、BはU国を相手取り日本の裁判所に訴訟を提起し、U国の一連の措置は事実上不当な解雇に当たるとして、労働契約上の地位確認と未払い賃金の支払を請求した。これに対して、U国は裁判権免除を理由として訴えの却下を求めた。本件訴えでは裁判権免除が認められるか。

1.「裁判権免除」の意義

（1）基本概念の説明

　　　　　　　　わが国では、渉外的要素を含む民事訴訟について、国際的な私法関係の安定の確保、手続的な公平・適正の保障等の観点から、主として国内法に基づいて、裁判権の行使を自己抑制することがあるのは、既に説明のとおりである（これを「**国際裁判管轄の内在的制約**」ということがある）。これとは別に、外国国家等に対する裁判権免除も、わが国の裁判権行使に制約を及ぼす問題である。一般に、国家主権の独立・平等を根拠として、「外国国家等は、その一定の範囲に属する行為について他の国家等の民事裁判権に服することはない」という国際法が存在すると認識されている。したがって、このような場合に、わが国の裁判所が外国国家等を被告とする民事訴訟に対して裁判権を行使すれば国際法違反に当たると考えられる（これを「**国際裁判管轄の外在的制約**」ということがある）。この章では、後者（国際裁判管轄の外在的制約）について解説する。

　裁判権免除の対象となる外国国家等の行為の範囲をめぐっては、以前より**絶対免除主義**と**制限免除主義**が対立してきた。絶対免除主義は、外国国家等が自発的に他の国家等の裁判権に服するなど一部の例外的な場合を除き、裁判権免除を広範に認める立場である。これに対して、制限免除主義は外国国家等の行為のうち、国家主権の作用に直接的な関係を有する行為類型（公権的・主権的行為）に限定して裁判権免除を認める立場である。したがって、制限免除主義によれば、外国国家等が自発的に他の国家の裁判権に服するなどの一部例外的な場合に加えて、外国国家等の行為のうち、国家主権の作用に直接的な関係を有しない行為類型（私法的・業務管理的行為）

が訴訟の争点になっている場合にも、その外国国家等は他の国家等の裁判権からは免除されない。

> **(2) 裁判実務・立法の変遷**

世界規模でみれば、主要国は制限免除主義をいち早く採用していたほか、2004〔平成16〕年には、国連総会において「国及びその財産の裁判権からの免除に関する国際連合条約」（未発効）が採択されるなど、制限免除主義が次第に優勢になっていた。わが国の裁判実務は長らく絶対免除主義を採用していたが、近年に至り、最判平成18・7・21（民集60巻6号2542頁）によってこれを転換し、制限免除主義を採用するに至った。さらにわが国は、2007〔平成19〕年に上記の国際連合条約に署名した後、2009〔平成21年〕年には、この条約の内容を踏まえて、**「外国等に対する我が国の民事裁判権に関する法律」（対外国民事裁判権法）**を制定した。この法律は2010年〔平成22年〕4月から施行されており、現在わが国の裁判所は、この法律に基づいて、外国国家等の裁判権免除の要否を判断している。

2. 対外国民事裁判権法

> **(1) 裁判権免除主体としての「外国等」**

対外国民事裁判権法4条は、原則として、**「外国等」**がわが国の裁判権から免除される旨を規定する。さらに同法2条では、「外国等」に該当する主体として、①国家・政府機関（1号）、②連邦国家の州等で主権的権能を行使する権限を有するもの（2号）、③主権的権能を行使する権限を付与された団体（3号。例えば、中央銀行等が該当する）、④①～③の代表者であり、その資

コラム9　対外国民事裁判権法制定以前の裁判実務

　本文のとおり、わが国の裁判実務は古くより、絶対免除主義を採用していた。大決昭和3・12・28（民集7巻1128号）は、中華民国公使が振り出した約束手形の裏書譲渡を受けた日本人らが同国を被告として提起した手形金支払請求事件である。この決定のなかで、「凡ソ国家ハ共ノ自制ニ依ルノ外他国ノ権力作用ニ服スルモノニ非サルカ故ニ不動産ニ関スル訴訟等特別理由ノ存スルモノヲ除キ民事訴訟ニ関シテハ外国ハ我国ノ裁判権ニ服セサルヲ原則トシ只外国カ自ラ進ンデ我国ノ裁判権ニ服スル場合ニ限リ例外ヲ見ルヘキコトハ国際法上疑ヲ存セサル所」と判示し、絶対免除主義を採用することを表明していた。

　しかしながら、最判平成18・7・21（民集60巻6号2542頁）において、この立場を改め、制限免除主義に転換した。これは、パキスタン共和国が日本法人にコンピュータの購入代金を支払わず、両者の間で代金債務同額の準消費貸借契約を締結したものの、同国が債務履行を怠ったことから、日本法人がその履行を請求した事案である。この判決では、国家行為を公権的・主権的行為と私法的・業務管理的行為に分類したうえで、後者の行為類型については、わが国の裁判権行使が外国国家の主権を侵害するおそれ等の特段の事情がない限り、裁判権免除の対象とはならない旨を判示した。続いて最判平成21・10・16（民集63巻8号1799頁）でも制限免除主義の立場が維持された。

　もっとも、公権的・主権的行為と私法的・業務管理的行為の区分のあり方等について、これら最高裁判決をどのように解するかをめぐって見解が分かれ、不明確な点が残ることになった。本文の繰返しになるが、こうした問題は現在では、対外国民事裁判権法の明文規定に基づいて解決される。

格に基づき行動するもの（4号。例えば、国家元首、各省庁を所管する大臣、州知事、中央銀行総裁等が該当する）を規定する。

　まずは、**設例Ⅳ-1** では T 州、**設例Ⅳ-2** では U 国が、それぞれ対外国民事裁判権法 2 条に規定する「外国等」に該当するか否かが問題となる。このうち、**設例Ⅳ-2** では、同条 1 号に基づき、U 国が「外国等」に該当する。また **設例Ⅳ-1** では、T 州は連邦国家 S 国を構成する州であるが、同州が立法、行政、司法等の主権的権能を有しているのであれば、同法 2 号に基づき「外国等」に該当すると認められる。この場合には、同法 4 条に基づいて、**設例Ⅳ-1** の T 州、**設例Ⅳ-2** の U 国はいずれも、原則としてわが国の裁判権から免除されることになる。

> (2)「外国等」が裁判権から免除されない場合

対外国民事裁判権法では、例外的に、「外国等」が裁判権免除を受けられない場合を規定する。

　第 1 の例外は、日本の裁判権に服することについて、「外国等」による同意がある場合または同意が擬制される場合である。対外国民事裁判権法 5 条は「外国等」による同意があった場合を、同法 6 条および 7 条は「外国等」による同意の擬制が認められる場合を、各々規定する。

　第 2 の例外は、訴訟が「外国等」による私法的・業務管理的行為に関する場合であり、対外国民事裁判権法 8 条〜 16 条がその個別の事案類型を規定する。これまでのわが国の裁判例を踏まえると、このうち特に重要と思われるのは、①**商業的取引**（同法 8 条）、②**労働契約**（同法 9 条）の 2 つである。

> (3)商業的取引

対外国民事裁判権法 8 条 1 項によれば、

175

「外国等」とその他の国の国民・法人との間における商業的取引に関する訴訟である場合には、裁判権免除の例外として、わが国の裁判権が「外国等」にも及ぶ。なお同項の適用にあたっては、「外国等」（国以外である場合には、それが所属する国を基準とする）と、その取引相手である個人・法人の所属国が一致していないことが要件とされており、この点には注意を要する。また同条2項では、商業的取引が訴訟で問題となる場合であっても、それが国家間の取引である場合、あるいは商業的取引の当事者間で明示的に別段の合意をした場合には、わが国の裁判権が「外国等」に及ばない旨を規定する。

　設例Ⅳ-1における訴訟は、連邦国家S国を構成するT州と日本法人A社の間における物品の売買契約に関するものであるから、対外国民事裁判権法8条1項の適用がある。同条2項に規定する事情は窺われないことから、本件訴訟ではT州はわが国の裁判権から免除されない。なお、仮に**設例Ⅳ-1**の事案を変更し、A社がT州法を設立準拠法とする企業であったとすれば、T州が所属する国とA社が所属する国がともにS国で一致することから、対外国民事裁判権法8条1項の適用はない。この場合には、同法4条に基づき、本件訴訟においてT州はわが国の裁判権から免除されることになる。

（4）労働契約

　対外国民事裁判権法9条1項によれば、「外国等」と個人との労働契約であって、わが国が労務提供地とされるものに関する訴訟では、裁判権免除の例外とされ、わが国の裁判権が「外国等」に及ぶ。**設例Ⅳ-2**で問題となっているのが、U国と個人Bとの労働契約であり、この契約におけるBの労務提供

地がわが国内に所在することから、対外国民事裁判権法9条1項に基づき、U 国はわが国の裁判権から免除されない。

　もっとも、対外国民事裁判権法9条2項は、同条1項の適用を排除し、わが国の裁判権が「外国等」に及ばない場合を個別に列挙している。このうち、同項3号では、「外国等」が個人を採用・再雇用する場合において、その契約の成否に関する訴訟であれば、わが国裁判権からの免除が認められる旨を規定する。また同項4号では、解雇等既存の労働契約の終了の効力に関する訴訟であれば、「外国等」の元首等によって、わが国での訴訟が当該「外国等」の安全保障上の利益を害するおそれがあるとされた場合に限り、わが国からの裁判権免除が認められる旨を規定する。ただし、同項3号、4号のいずれかの類型に該当する訴訟であっても、損害賠償請求については、「外国等」はわが国の裁判権から免除されない。例えば、不当な採用拒絶や不当解雇を理由とする損害賠償請求は、対外国等民事裁判権法9条2項のその他各号に該当しない限りは、同法9条1項により、「外国等」はわが国の裁判権から免除されない。

　対外国民事裁判権法9条2項3号に該当するか、同項4号に該当するかにより、「外国等」の裁判権免除の要件が異なる（同項3号の方が、4号に比べて、「外国等」の裁判権免除が認められるための要件が緩い）ので、いずれの号に該当するかは具体的な事案の処理にあたって重大なポイントである。とりわけ、①内定取消しや、②更新拒絶のケースはその境界線上の問題であり、**設例Ⅳ-2** も微妙な判断を要する事案である。このような場合には、事案の態様を具体的に検証し、いずれの号に該当するかを実質的な観点から判断するほかないであろう。例えば、**設例Ⅳ-2** のように、労働契約の書面が交付されていなくとも、内定により実質的に契約が成立しているの

と同視できる状況であれば、内定取消しが実質的に解雇（労働契約の解除）に相当すると捉えて、対外国民事裁判権法9条2項4号を適用すべき事案と考える余地があるだろう（この場合には、U国の国家元首、政府の長または外務大臣が、Bによる訴えに関するわが国の裁判手続がU国の安全保障上の利益を害するおそれがあるとしない限り、U国はわが国の裁判権から免除されないという結論に至る）。また、契約更新の局面では、争点となっている契約更新を純粋に新規の契約締結と捉えても差し支えないか、つまりは、以前から同一当事者間で同一内容の契約更新が反復されている等の事情があり、更新継続に向けた被用者の期待が形成されているにもかかわらず、こうした期待を毀損する態様で更新拒絶がなされていないか、といった実質的な視点から検証を行うことにより、対外国民事裁判権法9条2項3号、4号のいずれの類型に該当するかを決定すべきである。

　なお、対外国民事裁判権法9条2項5号本文は、訴訟提起時において被用者等の個人が「外国等」の国民である場合には、当該「外国等」がわが国の裁判権から免除される旨を規定する。もっとも、同号但書によれば、被用者等の個人が当該「外国等」の国民であったとしても、日本に通常居住しているときには、同号本文の適用はない（つまり、同号但書に該当する場合には、当該「外国等」はわが国の裁判権から免除されないとの結論に至る）。**設例Ⅳ-2** では、「外国等」（U国）と個人であるBの国籍所属国（日本）は一致しないことから、そもそも対外国民事裁判権法9条2項5号の適用はない。仮に**設例Ⅳ-2** の事案を変更しBがU国人であった場合はどうであろうか。この場合には、「外国等」（U国）と個人であるBの国籍所属国（U国）は一致するものの、Bが日本に通常居住していることから、対外国民事裁判権法9条2項5号但書に基づき、U国はわが国の民事

裁判権から免除されないとの結論に至るであろう。

> **(5)保全処分・民事執行の段階における主権免除**

わが国では、主権免除といっても、裁判（訴訟）と執行を分離して捉える必要があり、後者の段階では、前者の段階とは別個に、国家財産は原則として、他国による保全処分・民事執行の対象にはならないと考えられてきた。仮に、「外国等」に対して保全処分・民事執行からの免除が広範に認められるとするならば、わが国の裁判所が、制限免除主義に基づいて「外国等」に裁判権を行使し、原告である個人・法人が勝訴したとしても、判決内容の実現は専ら、「外国等」による自発的履行に委ねられるに止まる。これまでも、保全処分・民事執行段階における主権免除のあり方およびその範囲をめぐって議論がなされてきたが、対外国民事裁判権法 17 条〜 19 条ではこの問題について規定を設け、立法による解決を図ることとした。

これら規定によれば、わが国が「外国等」の有する財産に対して保全処分・民事執行を行うことができるのは、次の 2 つの場合に限られる。

①「外国等」が、条約、仲裁合意、契約、保全処分・民事執行手続における陳述等により、明示的に同意を与えている場合（同法 17 条）。

②民事執行の対象財産が、「外国等」により政府の非商業的目的以外のみに使用され、または使用されることが予定されているものである場合（同法 18 条）。

なお、外国中央銀行およびこれに準ずる金融当局については、対外国民事裁判権法 19 条に基づき、より手厚い態様で、わが国の保全処分・民事執行からの免除が認められる。

Ⅴ　当事者適格、当事者能力、訴訟能力

```
◆ 設例Ⅴ-1 ◆
```

　A_1 〜 A_5（いずれもS国に居住）は世界的に著名な画家亡Bの相続人であり、Bの作品の著作権をS国法上の制度に基づいて不分割共同財産とすることに合意している。うち代表管理者は A_1 であるが、S国法には、「不分割共同財産の代表管理者は、原告または被告として裁判上および裁判外の行為について不分割権利者全員を代表する」旨の規定がある。C社はオークションを主催する日本法人であるが、A_1 等に無断でBの作品の写真をカタログやパンフレットに掲載したことから、A_1 はC社を相手取り、著作権侵害を理由とする損害賠償請求訴訟をわが国の裁判所に提起した。A_1 の当事者適格は認められるか。

```
◆ 設例Ⅴ-2 ◆
```

　D社はT国法を設立準拠法とする商事会社であり、代表者をE（T国人）とし、主たる事務所をT国の首都に置いて、同国で登録済みである。D社は、F社（日本法人）との間で締結した委任契約をめぐり法的紛争が生じたために、わが国裁判所にその契約上の債務不履行を理由とする損害賠償の支払を求め訴訟を提起した。D社の当事者能力は認められるか。なお、T国の会社法上、D社には法人格が付与されている。

　また、D社がT国法に基づくパートナーシップであり、代表者と主たる事務所を同国において登録済みであるが、同国法によればD社の法人格は認められない。この場合はどうか。

1. 当事者適格

(1) 問題の所在

　　　　　　　　　　わが国の民事手続法では形式的当事者概念が採用されているため、当事者の地位と事案の実体が完全に切り離されて議論が展開される。当事者概念は単に、「裁判所との関係で判決を求め、またこれを受ける資格を有する者は誰か」という問題に関するものであることから、当事者概念の議論のなかでは、「当事者の地位にある者が、訴訟物である実体法上の権利義務との関係において、本案判決を受けるに正当な資格を有するか」という問題に触れられることはない。前者の問題は本案前に**当事者適格**の問題として取り扱われるのに対して、後者の問題は本案審理において別途論じられることになる。

　わが国の裁判所に渉外的要素を有する訴訟が提起された場合には、当事者のなかに外国人または外国法人が含まれることがあるが、純粋な内国訴訟と同様に、これらの者についても当事者適格の存否を判断する必要がある。これに関連して、外国人または外国法人の当事者適格の判断は如何なる枠組みに基づいて行われるべきかという点が問題となり得る。

(2) 学説

　　　　　　　　　　渉外訴訟における当事者適格の問題について、学説では見解が分かれてきた。具体的には、(A)当事者適格は管理処分権限等の一定の実体的法律関係を基礎とするものであるから、実体問題と性質決定して、その法律関係の準拠実質法によるべきとする見解（準拠実質法説）、(B)当事者適格の存否は手続問題として法廷地法によるが、その判断に必要な限りにおいて基礎となる

実体的法律関係の準拠実質法を参照すべきとする見解（法廷地訴訟法説）、(C)当事者適格の存否を一律に手続問題または実体問題のいずれかとして性格付けるのではなく、個別類型化したうえで、各類型に即して準拠法を決定すべきとする見解（個別類型化説）、(D)当事者適格の問題を一律に性格付けないという点で(C)説と共通するが、一定の要件のもとで、準拠実質法所属国の訴訟法を適用すべきとする見解（準拠法所属国訴訟法説）などがある。近時は(B)説もしくは(C)説が有力と考えられている。

---

(3)裁判実務

　任意的訴訟担当による当事者適格が争点となった裁判例では、渉外事案特有の要素を勘案することなく、純粋な内国事案と同様に、日本法に基づく処理を行っているものが多い。具体的には、①スイス企業との間で総代理店契約を締結していた日本企業が、当該スイス企業から裁判上の権利行使について委託があったとして、任意的訴訟担当に基づく原告適格を主張したのに対して、両者の間に訴訟信託契約があったことを認定しつつも、わが国手続法の基準に沿って訴訟担当の合理的必要性を否定したもの（大阪高判昭和 60・5・16 金商 731 号 40 頁）、②中華人民共和国が所有するわが国内の土地を占有する個人に対して建物収去土地明渡を求めるにあたって、わが国が同国から訴訟追行権限を授与されたことを認定し、わが国手続法の基準に沿って、任意的訴訟担当の合理的必要性を肯定したもの（東京地判昭和 60・12・27 判時 1220 号 109 頁）、③アルゼンチン発行の円建て債券に係る償還等請求訴訟において、当該債権の管理会社である邦銀について、わが国手続法の基準に沿って当事者適格を肯定したもの（最判平成 28・6・2 民集 70 巻 5 号 1157 頁）等である。他方で、④保険代位の局面において、筆頭保険

者が他の保険者から訴訟追行権を授与されたとして任意的訴訟担当に基づく原告適格を主張したのに対して、かかる問題は法廷地法の基準により判断すべきであるとしたうえで、当事者間における授権行為の有効性に関する限りにおいて準拠実質法である英国法に判断基準を求めたと解し得る裁判例も存在する（東京地判平成3・8・27判時1425号100頁）。

法定訴訟担当による当事者適格が争点となった裁判例としては、⑤わが国民法423条を法廷地手続法として位置付け、同条に基づき債権者代位権による法定訴訟担当を肯定したもの（東京地判昭和37・7・20下民集13巻7号1482頁）がある一方で、⑥著作者等から委託を受けて著作権管理を行うフランス法人が法定訴訟担当による原告適格を主張したのに対して、この問題の判断基準は法廷地手続法によるとしたうえで、訴訟担当者の訴訟追行権限が実体法上の法律関係から派生していると評価できる場合には、その限りで当該法律関係の準拠実質法を参照すべきとしたもの（知財高判平成28・6・22判時2318号81頁）がある。また、⑥の裁判例と同様の判断枠組みを提示するものとして、⑦外国倒産手続により選任された管財人の当事者適格に関しては、原則として法廷地手続法によるが、当事者適格を基礎付ける管理処分権の有無および範囲等については倒産準拠法を参照するとした事案（東京高決昭和56・1・30下民集32巻1～4号10頁、東京地判平成3・9・26判時1422号128頁等）も存在する。

このように、裁判実務は従前より一貫した見解を提示してはいないが、上に掲げたいずれの裁判例においても、法廷地であるわが国手続法を、当事者適格の判断にあたっての基本に据えることでは一致をみている。また、少なくとも④、⑥、⑦の裁判例では、当事者

適格の存否を確認するために必要な範囲で、その基礎となる実体的法律関係の準拠実質法を参照している。これら 3 つの裁判例は(B)説に立脚していると概ね捉えることができるだろう。

> **(4)検討**

　　　　　　　当事者適格の存否は、当事者として具体的に誰を想定し、これらの者を手続に関与させ本案審理を行うのが、訴訟物をめぐる紛争解決に最も有効であるかという訴訟法的な視点に基づいて決定されるべき事項であり、法廷地の重大関心事の 1 つである。また、一般に訴訟担当が許容されれば第三者が当事者となるが、これによって、忌避・除籍の判断、尋問の形態（証人尋問か当事者尋問か）をはじめとして、法廷地の訴訟手続における取扱いに違いが生じることにもなる。これら理由から、渉外事案における訴訟担当の問題は、第一義的には法廷地手続法に委ねられるべきと考える。わが国が法廷地となる場合には、最大判昭和 45・11・11（民集 24 巻 12 号 1854 頁）の枠組みに沿って、訴訟信託禁止の原則（信託法 10 条）や弁護士代理の原則（民訴法 54 条）等の適用は勿論のこと、訴訟追行権限の移転に関する合理的必要性・妥当性の有無をわが国手続法の観点から判断する必要があるだろう。

　そのうえで、訴訟追行権限が実質法上の法律関係と切り離された形で移転する場合（典型的には、選定当事者の場合）には、専ら法廷地手続法の基準に則して、その移転の是非を判断すれば足りる。これに対して、訴訟追行権限の移転が実質法上の管理処分権限の移転に伴うものである場合、または実質法上特定の法律関係の存在を前提にしている場合がある。これらの場合には、法廷地手続法の視点から訴訟追行権限の移転の合理的必要性・妥当性を判断するための前提として、実質法上の管理処分権限が有効に移転しているか否か、

または実質法上特定の法律関係が存在しているか否かを確認する必要がある。こうした確認作業の一環として、当該管理処分権限の移転や当該法律関係の成立に関する準拠実質法を参照することが要請されると考えるべきである。

　以上のように考えれば、渉外訴訟における当事者適格を検討するにあたっては、任意的訴訟担当、法定訴訟担当の別を問わず、基本的視点として(B)説に立脚するのが適当である。**設例Ⅴ-1** に関しても、この判断枠組みに沿って検討すると、A_1 の当事者適格の存否は第一義的には、法廷地であるわが国の手続法を基準に判断することになる。既に示したとおり、その判断は前掲最大判昭和45・11・11 の枠組みに沿ってなされることになるが、その前提として、A_1 〜 A_5 の間で、管理処分権限を A_1 に授権するための法律行為が有効に成立しているか否かを確認する必要がある。その確認のために必要な範囲で、A_1 〜 A_5 の間でなされた法律行為の準拠実質法（この場合には、法適用通則法7条に基づきS国法）を参照することになるだろう。

2. 当事者能力

(1) 問題の所在

当事者能力とは、「自己の名において訴訟を提起し、または訴えられる法律上の地位を有すること」をいう。わが国の手続法では、当然のことながら、権利能力のある者が当事者能力を有する（そうでないと、自身に権利が帰属しても、それを実現するための手段としての裁判による救済の道が閉ざされてしまう）ほか、権利能力なき社団・財団にも当事者能力を認めている（民訴法

28条、29条)。わが国の裁判所に提起される民事訴訟において、外国人や外国法人が当事者として想定される場合に、その当事者能力は如何なる枠組みに基づいて判断されるべきかというのが、ここでの問題である。

(2)学説・裁判実務　　　渉外訴訟における当事者能力の問題について、学説・裁判例ではいくつかの見解が提示されてきた。

多数説は、(A)法廷地訴訟法説である。当事者能力に関する問題は手続問題であるから、法廷地であるわが国の訴訟法に基づいて判断すべきとの立場を採用する。具体的には、民訴法28条にいう「その他の法令」に一般的権利能力の準拠法決定ルール(条理)が含まれると解し、外国人または外国法人の権利能力がその属人法(外国人の場合には本国法、外国法人の場合には設立準拠法)上認められる場合には、これらの者について当事者能力を認める。加えて、属人法により法人格が付与されない社団・財団についても、民訴法29条の要件を満たす範囲で、当事者能力を認める。この見解に沿ったと解される裁判例は比較的多い(東京高判昭和43・6・28高民集21巻4号353頁、東京高判昭和49・12・20高民集27巻7号989頁、東京地判平成19・12・14平成18年(ワ)5640号・6062号、東京地判平成21・9・10判タ1371号141頁等)

他方で、(B)属人法訴訟法説といわれる見解も存在する。当事者能力は人(個人・法人)の属性・能力に関する問題であり、かつ手続問題であるから、その人の属人法のうち訴訟法が当事者能力を認めているか否かを基準として判断すべきとの立場を採る。この説を採用したと解される裁判例も存在する(東京地判昭和35・8・9下民集11巻8号1647頁[前掲東京高判昭和43・6・28の原審判決])。

また、(C)上記(A)説または(B)説のいずれかにより当事者能力を認める折衷説も提唱されている。

(3) 検討

当事者能力は法廷地において訴訟の主体になることができる法律上の地位に関することである。したがって、その存否の確認は、当事者とされる者が本案審理に関与するために必要な資格要件を具備しているかを問うことであり、法廷地における紛争解決制度の根本に関わる問題である。このように考えると、外国人または外国法人の当事者能力であったとしても、自国民または自国法人と同様に、「どの範囲で訴訟の当事者としての地位を認めるのが適当か」という視点に基づいて、法廷地訴訟法が判断すべき事項であることに変わりない。したがって、基本的な考え方としては、(A)説が適当である。

もっとも、(A)説を採用するにしても、外国法人の当事者能力の存否を判断するにあたって、属人法上法人格が付与されることで足りるとするか、民法 35 条 1 項に基づきわが国でその法人格を承認（認許）していることを要するかといった点で、微妙な見解の相違が生じ得る。例えば、前掲東京高判昭和 49・12・20 は前者の立場を採用するが、その原審判決に当たる東京地判昭和 47・2・19（判時 670 号 66 頁）、および東京地判平成 28・6・20（平成 24 年（ワ）29003 号）は後者の立場を採用する。この点、民法 35 条 1 項にいう「認許」は外国で創設された法人格の承認を意味すると解されるが、それは裏を返せば、設立準拠法に対する内国法による制約として捉えることも可能である。民法 35 条 1 項も民訴法 28 条にいう「民法（……）その他の法令」に含まれる以上、民訴法 28 条に基づき当事者能力を肯定し得るのは、認許外国法人に限定されると考えるべき

であろう。他方で、認許されない外国法人の当事者能力の存否については、従属法上法人格が付与されない社団・財団と同様に、民訴法 29 条を基準に判断することになると考えられる（もっとも、認許されない外国法人であっても、民訴法 29 条の要件を充足するのが通常であろうから、結局のところ、認許の有無を問わず、外国法人の当事者能力が否定される事案は、現実には想定し難いと思われる）。

　以上の議論を前提にしたうえで、**設例V-2** の解説に移りたい。D 社の当事者能力は手続問題であるから、法廷地であるわが国の訴訟法に基づいて判断すべき事項である。民訴法 28 条にいう「民法（……）その他の法令」にはわが国の民法 35 条 1 項が含まれることから（A 説の中には、「その他の法令」を根拠として、一般的権利能力に関する準拠法決定ルールに基づいて属人法の適用を主張するものもある。しかしながら、民法 35 条 1 項は認許の当然の前提として、属人法上法人格が付与されていることを要求するのだから、重ねて「その他の法令」として一般的権利能力に関する準拠法決定ルールに言及する必要はないだろう）、D 社の当事者能力の有無を判断するにあたっては、①同社の従属法である T 国実質法上、D 社に法人格が付与されているか否か、② T 国実質法上 D 社に法人格が付与されているとして、D 社が民法 35 条 1 項に照らして認許されるか否かを確認する必要がある。これらのことについて、T 国会社法によれば D 社に法人格が付与されている（①）ほか、D 社は商事会社であり民法 35 条 1 項の認許対象に含まれている（②）。以上のことを踏まえると、わが国の訴訟法上も D 社に当事者能力を認めるのが適当である。

　次に、**設例V-2** のうち、D 社が T 国法上のパートナーシップであり、同国法では法人格が付与されない場合の取扱いについてであ

るが、この場合には民訴法 28 条に基づいて、D 社の当事者能力を肯定することはできない。もっとも、そうした場合であっても、民訴法 29 条の適用の余地がある。D 社は「法人でない社団又は財団」に該当するが、代表者を E と定めており、「代表者又は管理人の定めがある」と評価し得ることから、民訴法 29 条に基づいて、同社の当事者能力を認めればよい。前掲東京高判昭和 43・6・28 では、本国法であるケニア法上法人格が認められないパートナーシップについて、民訴法 29 条［旧民訴法 46 条］に基づいて当事者能力を肯定した事案であり、本設例を検討するうえで参考になるだろう。

3.　訴訟能力

(1) 問題の所在

訴訟能力とは、当事者として単独で有効に訴訟行為を行い、または有効に相手方による訴訟行為を受領することのできる能力をいう。当事者能力と同様に、如何なる枠組みに沿って外国人または外国法人の訴訟能力の有無を判断すべきか、が問題となる。

(2) 学説・裁判実務

訴訟能力を巡る学説・裁判実務の状況は、当事者能力と類似している。

多数説は、(A)法廷地訴訟法説である。この見解によれば、訴訟能力の問題は手続問題であるから、法廷地であるわが国の訴訟法に基づいて判断するのが基本とされる。具体的には、民訴法 28 条にいう「その他の法令」に行為能力に関する準拠法決定ルール（外国人については法適用通則法 4 条、外国法人については条理）が含まれる

と解し、外国人または外国法人の行為能力がその属人法（外国人の場合には本国法、外国法人の場合には設立準拠法）上認められる場合には、これらの者について訴訟能力を肯定する。そのうえで、属人法上行為能力が認められない者であっても、日本法によれば行為能力を有すると認められる場合には、民訴法 33 条に基づいてその者の行為能力を肯定することができる、と考える。裁判実務もこの見解に立脚する（東京地判昭和 28・2・18 下民集 4 巻 2 号 218 頁、神戸地判昭和 41・2・19 民集 21 巻 6 号 1665 頁、大津地判昭和 49・5・8 判時 768 号 87 頁等）。

これに対して、(B)属人法訴訟法説も存在する。この見解によれば、訴訟能力は人（個人・法人）の属性・能力に関する問題であり、かつ手続問題であるから、その人の属人法のうち訴訟法が訴訟能力を認めているか否かを基準として判断すべきと考える。また民訴法 33 条は、外国人が「その本国法によれば訴訟能力を有しない場合」を規定するが、(B)説によれば、同条のこの文言には、外国人または外国法人の訴訟能力を判断するに当たり属人法所属国（外国人の場合には本国、外国法人の場合には設立準拠法所属国）の訴訟法を基準に据えることが当然の前提として含意されている、と主張する。すなわち、自然人を例に説明すれば、行為能力について法適用通則法 4 条が抵触規則として存在するのと同様に、訴訟能力についても「人の訴訟能力はその本国の訴訟法による」という不文の抵触規定が存在すると考えたうえで、民訴法 33 条はまさにその不文の抵触規定を前提にしていると考えるのである。

また、(C)上記(A)説または(B)説のいずれかにより当事者能力を認める折衷説も存在する。

（3）検討

「当事者能力」の項（☞2.(3)）で論じた内容が、訴訟能力についても概ね妥当する。外国人または外国法人の訴訟能力の存否は、いかなる基準に則って、これらの者に訴訟上の行為をなすこと、またはこれを受領することを認めるか、という問題である。したがって、法廷地における紛争解決制度の根本に関わる問題として、法廷地訴訟法に沿って判断がなされるべき事項である。(A)説が妥当であると考える。

Ⅵ　国際的な送達・証拠調べ

◆ 設例Ⅵ-1 ◆

　日本会社 A は、S 国会社 B に対して特許権侵害に基づく損害賠償請求の訴えを東京地方裁判所に提起した。B に対する訴状の送達方法として、可能性のあるものを 1 ～ 5 から選べ。

1　A の社員が S 国に渡航し、B に訴状を持って行く。

2　国際郵便で、A が B に訴状を送る。

3　国際郵便で、東京地方裁判所が B に訴状を送る。

4　東京地方裁判所が、B への訴状送達を S 国裁判所に嘱託する。

5　東京地方裁判所が、B への訴状送達を S 国に駐在する日本の領事官に嘱託する。

◆ 設例Ⅵ-2 ◆

　S 国会社 C が T 国会社 D に対して T 国で提起した製造物責任訴訟において、日本に住所を有する日本人 E の証言が必要になり、T 国裁判所からの依頼を受けて大阪地方裁判所が E の証人尋問を実施することになった。E の証言拒絶権がどのような範囲で認められるべきかは、どの国の法に従って判断されるべきか。

1. 外国における送達・証拠調べと国際司法共助

（1）外国における送達・
　　証拠調べ

　　　　　　　　　　　民事裁判において訴状の被告への送達や証
拠調べを行うときに、**設例Ⅵ-1** や **設例Ⅵ-2** のように被告が外国に
住所を有していたり証拠が外国に所在していたりすることがある。
訴状の送達は、被告が自分に対して訴えが提起されたことを知り、
訴訟に対応して防御をするきっかけになる重要な手続である。また
証拠調べは、訴訟の勝敗を左右する事実情報にアクセスするのに重
要な手続である。そして送達や証拠調べは、各国において、基本的
に自国の民事訴訟法に従って行われる（☞**第Ⅰ章 1.(3)**）。

　日本では、訴状の被告への送達は裁判所の職権で（民訴法98条。
裁判所書記官が取扱う）、郵便によって被告の住所で訴状が被告に交
付されて行われるのが原則である（民訴法99条、101条、103条）。
では、外国にいる被告に対して日本の裁判所が訴状の送達を国際郵
便でできるかというと、そうではない。民訴法108条によれば外国
においてすべき送達は、①その外国の管轄官庁（多くは裁判所なの
で、以下、裁判所で代表する）や、②その国に駐在する日本の領事等
に**嘱託**してされることになる。民訴法179条以下の証拠調べに関し
ても、同様のことが民訴法184条1項に定められている。つまり、
外国における送達や証拠調べは、外国の裁判所等に頼んで実施して
もらうことになる。よって、**設例Ⅳ-1** でBに対する訴状の送達方
法としては、4と5の可能性があるということになる。

　では、このような外国裁判所等への送達・証拠調べの嘱託や、外
国裁判所から嘱託を受けた日本の裁判所による送達等の実施は、ど
のような根拠や手続に基づいてされるのだろうか。

(2)国際司法共助

(ア) 基本概念

　ある国での裁判の進行・審理のために他国の裁判機関が国際的に協力する活動のことを、**国際司法共助**という。国際司法共助がなぜ必要かというと、日本や多くの国では伝統的に、「送達や証拠調べは**裁判権の行使**であり、このような公的行為を勝手に他国で行うことは**主権侵害**になるおそれがある」と考えられているからである。

(イ) 共助の基本方法

　国際司法共助は、①送達に関する共助（**送達共助**）と、②証拠調べに関する共助（**証拠共助**）が中心課題である。そして、共助の基本的な方法は、外国における送達や証拠調べの必要が出てきた国（**嘱託国**）が、被告や証拠が所在するその外国（**受託国**）に送達や証拠調べを嘱託し、受託国の裁判所が送達や証拠調べを実施して、その結果を嘱託国に返送するものである。これは、①**外国裁判所送達・外国裁判所証拠調べ**とよばれる。国際司法共助にはもう１つ、外国に駐在する自国の領事官等に送達・証拠調べを依頼して実施してもらう②**領事送達・領事証拠調べ**という方法も伝統的に存在する。

2. 国際司法共助の法的根拠

(1)条約等の必要性

　　　　　　　　　国際司法共助の仕組みは、条約や二国間取決め等に基づいて構築される（先にみた民訴法 108 条と 184 条だけでは、国際司法共助を実現するのに十分でない。根拠となる条約等が受託

> **コラム 10** ▶ **大陸法国と英米法国の考え方の違い**
>
> 　本文で述べたように、日本を含む大陸法国は基本的に、送達や証拠調べを**公的行為**であるととらえる。これに対して英米法国は、これらは裁判所でなく当事者が行う**私的行為**であって、当事者が外国でこれらを行っても外国の主権侵害にならないと考える。この考えのもと米国の裁判実務には、①原告による被告への訴状の**直接郵送**と②原・被告間における**ディスカヴァリ**（証拠開示）を国際司法共助によらずに、米国国内法に従って国境を越えて行おうとする傾向がある。これらの問題については、3.(5)(ア)と4. で後述する。

国との間にあってはじめて、司法共助の提供を国際法上、相手国に義務付けることができる）。嘱託国としては、受託国との間に司法共助条約等があるか、あるならばそれにより提供される共助サービスはどのようなものかを、第1にチェックする。以下、日本が加盟する条約等について述べる。

（2）多国間条約　　　　　日本は、送達と証拠調べの両方を規律する①**民訴条約**（2021〔令和3〕年12月現在で、大陸法国を中心に加盟49ヵ国）と、送達のみを規律する②**送達条約**（同月現在で、大陸法国に加えて英米法国も入った加盟79ヵ国）に加盟する（送達条約は民訴条約の送達部分の改善を意図した条約であり、送達共助に関して民訴条約に優先する。送達条約22条）。加盟するにあたり、両条約を実施するための法律（**実施法**）と規則（**実施規則**）が制定されている。

　条約では外国裁判所送達・証拠調べが基本的な共助方法として定められているが（民訴条約1条以下、8条以下、送達条約2条以下）、民訴条約は領事送達・証拠調べについて、送達条約は領事送達につ

いても定める。ただし領事送達・証拠調べは常に利用できるとは限らず、相手国が拒否宣言をしていないことなどの条件がある（民訴条約6条1項3号、2項、15条、送達条約8条。日本は送達条約8条2項が定める拒否宣言をしたので、他の締約国は日本では、自国民に対してしか領事送達をすることができない）。

(3) 二国間条約

国際司法共助に関する二国間条約として日本には、**日米領事条約**と、**日英領事条約**がある。ただしこれらは、領事送達・領事証拠調べを定めるのみである（日米領事条約17条1項e号、日英領事条約25条）。

(4) 二国間取決め

外国裁判所送達・証拠調べは、**二国間取決め**（司法共助の相互提供を約束する外国との間での口上書など）を結ぶことでも行われている。2021年〔令和3年〕12月現在で日本は、送達について約30ヵ国、証拠調べについて約20ヵ国との間で二国間取決めを結んでいる。日本が嘱託する場合、送達・証拠調べは受託国の法に従って受託国で実施される一方、日本が受託国になる場合、**共助法**に基づいて日本で実施される。

(5) 個別の応諾

国際司法共助は相手国との間で条約や二国間取決めのあることが大前提であるが、これらがない場合でも、共助の必要が生じたときに、個別的に外交上のルートによって共助の依頼を試み、相手国がこれを受け容れて共助を実施してもらえることがある。これを**個別の応諾**といい、日本ではオーストラリアや韓国などとの間で実例がある。

（6）日本と米国との間の
　　国際司法共助

　　　　ここで、米国を取り上げて条約等を確認する。まず日本と米国は送達条約に加盟し、また日米領事条約が締結されている。そして、送達と証拠調べに関して二国間取決めがある。よって日本から米国への送達共助嘱託では、送達条約（または二国間取決め。ただし、実務ではより進歩的な条約が用いられる）に基づく外国裁判所送達と、領事条約（または送達条約）に基づく領事送達が利用可能である。証拠共助では、二国間取決めに基づく外国裁判所証拠調べと、領事条約に基づく領事証拠調べが利用可能である。

3. 国際司法共助の基本的な手続の流れ

（1）手続の流れと
　　ポイント

　　　　国際司法共助の手続は、①嘱託国の裁判所が送達・証拠調べの嘱託書（送達共助では要請書という）や必要な書類を作成⇒②嘱託国が受託国に嘱託書等を送付⇒③受託国が嘱託された送達・証拠調べを実施⇒④受託国がその実施の結果を嘱託国に返送、という流れで行われる。ポイントは、①嘱託書等の作成言語は何か、②嘱託書の送付ルート（経路）はどのようなものか、③送達・証拠調べはどの国の法に従って実施されるかである。

（2）嘱託書等の作成

　　　　外国裁判所送達・証拠調べでは、嘱託書は**受託国語**で作成されるのが原則である（民訴条約1条1項、10条）。送達条約は要請書について所定の**様式**を採用し（送達条約3条1項）、その記入は受託国語だけでなく、英語かフランス語でもできる（同7条2項）。送達されるべき訴状等（（4）（b）で後述する受託国法上の強

制力等を用いて送達してもらう場合）や証人尋問の質問事項等の文書
も、原則として受託国語で作成されるか、それへの翻訳が必要であ
る（送達条約5条2項、民訴条約3条2項、10条、共助法1条ノ2第4
号）。翻訳は、民訴条約では嘱託国の外交官・領事官や受託国の宣
誓した翻訳者が正確であることを証明する必要があるが（3条3項、
10条）、送達条約にはこのような証明の定めはない。

　領事送達・証拠調べでは、外国の機関でなく自国の在外領事等に
嘱託がされるので、嘱託書等は嘱託国語で作成されればよい。

(3) 嘱託書等の送付ルート

　民訴条約・送達条約ともに、基本的な共
助方法は外国裁判所送達・証拠調べである。そして、嘱託書等を受
託国に送付するルートは、民訴条約では、①**指定当局ルート**（嘱託
国の領事官から受託国の指定する当局にあてるもの。民訴条約1条1項、
9条1項）が原則であるが、例外的に②**外交上のルート**（嘱託国の外交
官や領事官から受託国の外務省にあてるもの。民訴条約1条3項、9条3
項）によらなければならない場合もある。これに対して送達条約で
は、進歩的な送付経路の1つである③**中央当局ルート**（領事官や外交
官を通すことなく、受託国の中央当局に直接あてるもの。送達条約2条
以下）が、原則的なルートとして採用されている。指定当局と中央
当局は各国で司法機関が選ばれることが多いが、日本の指定当局と
中央当局は外務大臣である（実施法2条、24条）。

　二国間取決めと個別の応諾の場合、嘱託書は外交上のルートによ
って受託国に送付される（共助法1条ノ2第1号）。

　領事送達・領事証拠調べの場合、嘱託書は自国の在外領事等に直
接あてればよく、外国の機関は経由しない。

　以上の説明をもとに、日本の裁判所が送達・証拠調べを外国の裁

図表2　外国への嘱託ルート

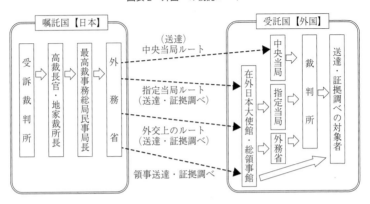

判所や日本の領事等に嘱託する手続を、嘱託書の送付ルートに着目して記すと**図表2**のようになる。

(4)送達・証拠調べの
　　実施

(ア) 外国裁判所送達・証拠調べの場合

(a) 受託国法の原則と特別の方法

　外国裁判所送達・証拠調べは、**受託国法**に従って実施されるのが原則である（民訴条約3条2項、14条1項、送達条約5条1項a号。共助法3条も同旨）。例外的に嘱託国が要請する**特別の方法**で実施される場合もある（民訴条約3条2項、14条2項、送達条約5条1項b号）。特別の方法は、例えば証人尋問で嘱託国が受託国法にない特別な宣誓を依頼したい場合等に用いられる。

(b) 受託国による強制力の行使

　受託国は、受託国法上の**強制力**を用いて送達・証拠調べを実施することになる（証拠共助については民訴条約11条1項も参照）。ただ

し送達共助における強制力の行使（および前述した特別の方法）には、送達すべき文書が受託国語で作成されている（翻訳可）ことが原則として必要である（送達条約5条3項、民訴条約3条2項）。

(c) 共助の実施拒否事由

受託国が実施を拒否できる事由は、送達共助では受託国の主権や安全が害される場合に限られる（民訴条約4条、送達条約13条）。証拠共助ではこのほかに、実施が受託国において司法権に属しない場合などが定められている（民訴条約11条3項）。

(イ) 領事送達・証拠調べの場合

領事送達・証拠調べは原則として、領事等を派遣している嘱託国の法に従って実施される（日米領事条約17条1項(e)号、日英領事条約25条参照）。ただし強制力を使うことは、外国の主権侵害を避けるためにできない（日米領事条約17条1項(e)号、日英領事条約25条、送達条約8条1項、民訴条約6条2項）。なお、領事証拠調べに関して、日米と日英の両領事条約では証言の録取（証人尋問）の方法しか定められていない。実施できる証拠調べの種類について文言上制限のない民訴条約でも、証人尋問以外の方法は実務上、行われていないようである。

(ウ) 各共助方法のメリットとデメリット

嘱託書の作成言語、送付ルート、そして実施に用いられる法をみると、領事送達・証拠調べの方が外国裁判所送達・証拠調べよりメリットが大きい。しかしながら領事送達・証拠調べには、強制力を使えないという大きなデメリットがある。つまり、被告が送達されるべき文書の受取りを拒んだり、証人が証人尋問に応じるのを拒ん

だりすると、領事官は送達・証拠調べをできず嘱託は失敗に終わる。

　このため実務では、まずは領事送達・証拠調べの可能性が検討されるが、被告が日本語を解しなかったり、送達・証拠調べに任意に応じないことが分かったりする場合には領事送達・証拠調べでなく、外国裁判所送達・証拠調べが選択される。

(エ)　実施結果の返送とその後の手続

　送達や証拠調べの実施結果は、基本的に、外国裁判所または領事官から嘱託裁判所に対して嘱託ルートを逆に返送される。

　訴状の送達が無事に実施されれば、嘱託国裁判所は審理を進めて判決に至ることができるようになる。送達が何らかの理由でできなかったりした場合、日本では**公示送達**が用いられて（民訴法110条1項3号、4号。送達条約に関しては実施法28条で公示送達の要件が加重されている）、審理・判決が目指される。

　証拠調べの実施結果は、日本の裁判所において当事者に意見陳述の機会が与えられた上で、証拠資料となる。もしも外国で実施された証拠調べが受託国法に違反していた場合であっても、日本の民訴法の諸規定から見て適法であれば、日本の裁判手続内ではこの証拠調べは効力を有すると評価される（民訴法184条2項）。

> **(5)送達共助または証拠共助**
> **　で起きる特別な問題**

(ア)　訴状の直接郵送

　送達条約10条a号は、「この条約は、名あて国が拒否を宣言しない限り、次の権能の行使を妨げるものではない。(a)外国にいる者に対して直接に裁判上の文書を郵送する権能（以下、省略）」と定める。日本は長らくこのa号の**拒否宣言**をしておらず（なお、直接交

付に関するc号には当初から拒否宣言をしている）、米国訴訟における
日本企業（被告）への訴状の**直接郵送**に関して、条約上有効な送達
方法か否かの論争が発生した。これは条約の解釈問題であるところ、
米国連邦最高裁が2017〔平成29〕年5月に、「同号は直接郵送を送
達として許容しており、送達が行われるべき国が拒否宣言をしてい
なければ直接郵送は条約上有効である」と判示した。

　日本はその後の2018年〔平成30年〕末に、同号の拒否をようや
く宣言した（民訴条約6条1項3号と2項にも同様の拒否があるが、こ
ちらの宣言はしていない）。これ以降、日本に居住する被告にあてら
れた訴状の直接郵送は送達条約上、有効でないことになる（関連し
て、☞**第Ⅶ章6.(1)(ウ)**）。

(イ) 証言拒絶権

　証人尋問の共助における**証言拒絶権**の有無・範囲は、原則として
受託国法によって決められる（☞**3.(4)(ア)(a)**）。**設例Ⅵ-2**では日
本法、すなわち民訴法196条以下によって証言拒絶権が判断される。

　ここで、証拠共助の受託が二国間取決めに基づく場合に、受託国
法に加えて、特に嘱託国法上の証言拒絶権も認められるべき、との
議論がある。例えば、嘱託書で嘱託国法上の証言拒絶権の適用が要
請されているときは、証人はそれも行使することができるとの考え
方（東京地判平成18・3・14判時1926号42頁）や、共助法3条にい
う「日本ノ法律」には日本の国際私法も含まれ、それによれば嘱託
国法の適用もあり得るとの説である。これらによれば**設例Ⅵ-2**で
証人Eは、嘱託国法であるT国法上の証言拒絶権も行使できる可
能性がある。

4. 外国における証拠調べに関する検討課題

（1）任意に応じる
　　証拠調べ

　　　　　　　　実のところ、司法共助手続は送付ルートも含めてかなり面倒で、時間もかかる（送達共助では数ヵ月だが、証拠共助だと数年かかるケースもある。また、必ず実施されるとも限らない）。このため日本の裁判所では、例えば外国に居住する証人の尋問が必要になったときに、証拠共助嘱託をするのでなく、この証人に、証言のために「任意に」来日してもらって日本の裁判所で証人尋問を行うことが珍しくない。これを**任意に応じる証拠調べ**といい、証人が任意に来日してくれれば主権侵害の問題は生じないとの建前のもと行われている。

（2）域外的な証拠提出
　　命令

　　　　　　　　米国では前述のように、外国に所在する証拠を米国民事訴訟法上のディスカヴァリによって当事者間で収集してもよいとの考え方が一般的である。そして、この**域外的ディスカヴァリ命令**を出す米国と、自国領域内にある証拠に対する領土主権の観点からこれに抵抗する国々との間で激しい法的論争が巻き起こった。しかし最近では、多くの国が、自国での訴訟手続において当事者に対しては自国法に基づいて直接的に証拠提出等の命令を出していることに気づいた。また、米国も当事者でない第三者に対しては証人尋問等を国際司法共助で嘱託していることから、対立は沈静化している。

（3）証拠収集条約

　　　　　　　　送達条約と同様に、民訴条約の証拠調べの部分を改善することを意図した条約として、1970〔昭和45〕年の民

事又は商事に関する外国における証拠の収集に関するハーグ条約（**証拠収集条約**。2021〔令和 3〕年 3 月現在で、大陸法国に加えて英米法国も入った加盟 63 ヵ国）があるが、日本は加盟していない。中央当局ルートの証拠共助や領事証拠調べのほか、コミッショナー（受任者）による証拠調べなど、多くの進歩性を有する。米国の域外的ディスカヴァリとの関係で条約の排他性について議論があったが、日本の加盟に向けた積極的な検討が待たれる。

5. IT 化がもたらす現代的課題

　現代の情報技術（IT）が、国際的な送達・証拠調べに大きな影響を及ぼしてきている。例えば、訴状を**電子メール**で、国境を越えて送達することはできないのだろうか。また、証人尋問を Zoom などの**オンライン TV 会議システム**を利用して、国境を越えて実施することに、どのような問題があるのだろうか。IT を用いたこれらの送達や証拠調べの方法は、本当に外国の主権を侵害するのか。

　このように国際的な送達・証拠調べは、現代の国際社会やビジネスの舞台で変容を迫られている**伝統的な主権観念**の再構築や、電子・情報技術の利用可能性についての実務面・理論面からの考察等、最先端の課題に直面している。日本でも、民事裁判手続の IT 化を一層目指してシステム送達やウェブ会議による証人尋問等を取り入れる民事訴訟法の改正審議において、国際送達・証拠調べでのこれらの利用が議論された。来るべき国際民事手続法システムの将来を設計するこれからの議論の展開が注目される。

VI
国際的な送達・証拠調べ

Ⅶ　外国判決の承認・執行

◈ **設例Ⅶ-1** ◈

　S国銀行Aは、S国会社Bに100万米ドルを貸すときに日本会社C（日本に主たる営業所を有し、日本以外に営業所、子会社、販売店、財産等を有さない）を保証人とする保証契約をCと結んだ。Aは、Bが期日になっても返済をしないと主張して、保証契約の履行としてCに100万米ドルの支払を求めてS国裁判所で訴えを提起した。

(1) S国裁判所は審理の後、Aの請求を棄却する判決をし、このS国判決①は確定した。しかしAは、Cに対して再び100万米ドルの支払いをCに求める訴えを日本の裁判所で提起した。CはS国判決①に基づいて請求棄却を求めることができるか。なお、CはS国が国際裁判管轄権を有しない旨の抗弁を提出した上で本案について弁論していたが、S国裁判所はS国法により原告の国籍に基づいてS国の国際裁判管轄権を認めた。

(2) S国裁判所は審理の後、Aの請求を認容する判決をし、このS国判決②は確定した。AはS国判決②に基づいて、日本に所在するCの財産に強制執行をすることができるか。なおS国訴訟における訴状等の送達は、AがCに対してS国から直接郵送をして行われた。S国は送達条約の締約国である。

207

```
◈ 設例Ⅶ-2 ◈
```

　Ｔ国人妻ＤとＴ国人夫Ｅの夫婦は日本で居住していたが、Ｔ国人子Ｆの出生直後から不仲となり、Ｅは単身Ｔ国に帰国して居住し始めた後、Ｔ国裁判所でＤに対して①離婚、②Ｆの監護権者をＥとすること、および③ＦをＥに引き渡すことを求めて、訴えを提起した。Ｔ国裁判所は①〜③をいずれも認容する判決をした。このＴ国判決の日本における承認・執行の可否は、何法何条に基づいて判断されるか。

1.　外国判決の承認・執行の意義と法

（1）判決の地理的効力範囲と
　　外国判決の承認・執行

　ある国の裁判所がした判決の効力が国境を越えて他の国にも当然に及ぶかというと、そうではない。なぜなら国家主権の観点から判決の効力は判決国の領域内に限定されるのが原則であり、また、もしそうでなければ外国裁判所の判断を強制されることになり、司法権の独立（日本では憲法76条）からも問題が生じるからである。よって、外国判決の効力を承認し、またこれに基づいて強制執行すべき義務は慣習国際法上、存在しない。

　しかし、もし外国判決が自国内では全く意味がないとすると、**設例Ⅶ-1**(1)でＣは、Ｓ国訴訟で弁護士を雇い主張・立証を繰り広げて請求棄却の判決を得たのに、日本の裁判所で再び始めから防御をしなければならなくなる。Ｓ国判決①を証拠として提出してみても、再び勝訴できる確証はない。よって外国裁判所で審理を受けた当事者（特に勝訴者）にとっては、外国判決の効力を日本でも認めてもらえる方が便宜である。また同一の事件が外国で解決済みなら、日

本の裁判所にとってもそれを利用できる方が人的・物的リソース（資源）の節約につながる。さらに、もし日本の裁判所が再度一から審理をして外国判決と異なる結論に至った場合、日本と外国の判決が矛盾して、混乱が発生するおそれがある。

　外国判決について慣習国際法上は承認・執行義務がないとしても、各国が、①当事者の便宜、②訴訟経済、③矛盾判決の防止の観点から、**国境を越えた権利保護**および私法生活関係の国際的安定を目的として、自らすすんで外国判決における紛争解決の結果を自国でも認めることに不都合はない。ただし無条件で外国判決について自国内で効力を認めることは、自国とは異質な実体法および手続法が諸国に存在する現実を見ると問題が大きい。よって、外国判決による**紛争解決の終局性**を尊重しつつ、**最低限度の手続保障や正当性**を確保するための一定の条件を外国判決が満たす場合にのみその効力を自国内で認め、適切な場合には判決内容の実現のために自国内で強制執行をすることが行われる。これが**外国判決の承認・執行**である。

　外国判決の承認・執行は国際司法共助と異なり、承認・執行国が自国の国内法によって行うことができるので、判決国との間で条約があることは特に必要でない。ただし、安定した承認・執行の相互関係のためには、条約の締結が望ましい（☞**コラム11**）。

（2）承認と執行

外国判決の**承認**とは、外国判決がその外国以外の国において効力を有するものと認められることをいう（最判昭和58・6・7民集37巻5号611頁）。そして**外国判決の効力を認める**とは、その判決が当該外国において有する効果を自国内で認めることであるとされる（最判平成9・7・11民集51巻6号2530頁〔以下、最判平成9・7・11ⓐ〕）。判決の効力・効果は、既判力、執行力、形

成力が中心であるが、争点効や参加的効力なども含まれよう。外国
判決のうち確認判決（**設例Ⅶ-1** ではＳ国判決①）と形成判決（**設例
Ⅶ-2** ではＴ国判決の請求①②の部分）では、承認のみが問題になる。

　一方、外国判決の**執行**とは、外国判決で命じられている**給付の内
容**を実現するために自国内で強制執行をすることである。このため、
執行の対象になる外国判決は、給付判決（**設例Ⅶ-1** ではＳ国判決②、
設例Ⅶ-2 ではＴ国判決の請求③の部分）に限られる。

（3）外国判決の承認・執行
　　を規律する日本の法　　　承認・執行を規律する日本の法は国法秩
序の序列に従い、まず条約、次に国内法になる。日本が加盟する**条
約**で外国判決の承認・執行に関する規定があるものには、①油汚染
損害賠償やその補償のための国際基金、そして燃料油汚染損害賠償
に関する諸条約、②原子力損害の補完的補償条約がある。適用範囲
内であれば条約が用いられるが（なお①の諸条約には、実施法として
船舶油濁等損害賠償法12条等がある）、事件の数は多くない。よって、
外国判決の承認・執行のほとんどは国内法が規律する。

　国内法では、まず外国判決の承認に関して、財産関係事件訴訟一
般について**民訴法118条**が「外国裁判所の確定判決の効力」のタイ
トルのもと、次の通り定める。

> 　外国裁判所の確定判決は、次に掲げる要件のすべてを具備する場
> 合に限り、その効力を有する。
> 　一　法令又は条約により外国裁判所の裁判権が認められること。
> 　二　敗訴の被告が訴訟の開始に必要な呼出し若しくは命令の送達
> 　　（公示送達その他これに類する送達を除く。）を受けたこと又は
> 　　これを受けなかったが応訴したこと。
> 　三　判決の内容及び訴訟手続が日本における公の秩序又は善良の

> 風俗に反しないこと。
> 四　相互の保証があること。

　人事訴訟における離婚判決等や家事事件の非訟裁判（養子縁組決定等）については、民訴法118条の適用の可否が議論されてきた。しかし現在では、人事訴訟判決には同条の適用が前提とされる。家事事件裁判の承認については**家事法79条の2**が、「その性質に反しない限り、民事訴訟法第118条の規定を準用する」と定める。

　次に外国判決の執行については、**民執法24条**が定める。同条によれば執行のために、裁判所で執行判決を得る必要がある。これは根拠が条約か国内法か、事件が財産関係か家族関係かを問わない（民執法22条6号）。すべての外国判決の執行に民執法24条が適用される。そして同条5項によると、外国判決は民訴法118条（家事法79条の2による準用を含む）の要件を満たす必要があり、結局、執行でも民訴法118条が重要な役割を演じる。

コラム11　外国判決の承認・執行に関する条約

　外国判決の承認・執行に関する条約で、世界的に成功しているものはまだない。EU（欧州連合）には、国際裁判管轄権とともにEU構成国判決の承認・執行を定めるブリュッセルI改正規則があるが、その法統一はEU域内に限られる。一方、ハーグ国際私法会議が幾多のプロジェクトを経て、2019年に「民事又は商事に関する外国判決の承認及び執行に関する条約」（2019年ハーグ判決条約）を作成した。これには、大きな成功を収めている仲裁判断に関するニューヨーク条約（☞**第Ⅷ章**）との対比でゲーム・チェンジャーとしての期待がかけられており、各国の加盟が進むか否かが注目される。

2. 承認・執行の基本事項

（1）承認・執行における特別
　　の手続・方式の要否

（ア）自動承認

　いくつかの国では外国判決の承認のために、自国裁判所への判決の登録など特別の手続・方式が必要とされている。しかしながら日本では、このような特別の承認手続・方式は必要でない。これを**自動承認**とよぶ。例えば外国の離婚判決（**設例Ⅶ-2** で T 国判決の請求①の部分）は裁判所で承認を確認してもらう必要はなく、当事者は市役所等の戸籍窓口で外国判決を示し、戸籍に離婚を記載してもらうよう申し出ることができる。

　実際には**設例Ⅶ-1**(1)のように、外国判決の存在が訴訟で当事者によって主張されることが少なくない。裁判所が承認要件を判断してそれが充足されるなら、外国判決は日本で承認される。**設例Ⅶ-1**(1)で S 国判決①が承認される場合、日本の裁判所はその請求棄却の既判力に拘束されることになる。

（イ）外国判決の執行判決

　承認における自動承認と対照的に外国の給付判決の執行には、**執行判決を得る特別な手続**が必要になる。すなわち、外国判決に基づいて日本で強制執行を求める者は、日本の裁判所で判決債務者に対して**執行判決を求める訴え**を提起し（民執法 24 条 1 項〜 3 項）、勝訴しなければならない（同条 6 項）。これは、強制執行が日本国内の財産権に直接影響を与えるので、日本の司法権によるチェックを求める趣旨である。執行判決は、外国判決が民訴法 118 条の承認要件

を具備する場合に認められる（民執法 24 条 5 項）。

　ここで、執行判決を求める訴えは強制執行の手続自体とは別の手続であることに注意しなければならない。強制執行には**債務名義**が必要であるところ（民執法 22 条柱書）、確定した外国判決は執行判決があって債務名義になる（同条 6 号）。つまり執行判決を求める訴えは、強制執行の前にある別の手続である。

> **(2) 実質的再審査の禁止**

　　　　　　　　　外国判決の承認・執行の制度は、外国で判決された事件についてもう一度日本で裁判をやり直すと、前述のように①当事者の便宜、②訴訟経済、③矛盾判決の防止にそぐわないことを前提にする。とすると、承認・執行の際に、外国判決による紛争解決の結果（例えば**設例Ⅶ-1** における請求の認容・棄却）が正しかったか否かを改めて審査することは制度の自己矛盾になる。よって、外国判決の承認・執行は、外国判決における最低限度の手続保障や正当性を確保するのに必要不可欠な一定の要件（民訴法 118 条）の充足のみを審査することにとどめて、外国判決の正しさ自体は調査しないでされるべきである。そこで、民執法 24 条 4 項は「執行判決は、**裁判の当否を調査しないで**しなければならない」と定め、これは**実質的再審査の禁止**とよばれる。承認についても、明文規定はないがこのことが同様に妥当する。

　では、何をどう審査すれば実質的再審査の禁止に触れるのか。様々な議論があるが、調査されてはならない当否の対象である「裁判」は法の解釈・適用による紛争解決であることからすれば、禁止される「裁判の当否」の調査とは、外国裁判所における法適用プロセスが正しかったかどうかの調査であると考えられる。それは、まずもって外国判決の**実体的な結論自体（本案）**の正しさの調査である

ところ、結論を導くために①適用された法の解釈、②その適用に係る事実の認定、③認定事実の法への当てはめが妥当であったか否かの調査が禁止されることになる。例えば、事実認定が証人の誤導的な証言の結果によるものであるという主張は証拠の取捨判断の不当をいうものであり、このような証拠判断（②事実認定）の当否の調査は許されない（最判平成10・4・28民集52巻3号853頁）。また、外国裁判所による認定事実の法への当てはめ（③）を、「経験法則及び論理法則に照らしていかにも無理がある」（東京地判平成3・2・18民集51巻6号2539頁）と断じるのは、実質的再審査に当たる。

　なお民訴法118条の要件具備は、同条および民執法24条5項が要求するものであるから、この判断に必要な事実は日本の裁判所が新たに収集・認定できると考えるべきである（東京高判平成5・6・28民集51巻6号2563頁等）。例えば、後述する手続的公序（民訴法118条3号）の要件に関して、外国裁判官が賄賂を受け取ったか否かの事実はそもそも外国判決中に登場するとは考えられないし、仮に認定された事実があっても日本の裁判所はそれに拘束されず、必要があれば新たな証拠調べをできると考えるべきである。

3.　承認要件総説

　外国判決が日本で承認されるためには、民訴法118条の定める要件が満たされなければならない（以下、執行も含めて承認要件として検討する）。承認要件は次の事項を含む。すなわち、①**承認対象性**（民訴法118条柱書、民執法24条5項）、②**間接管轄**（民訴法118条1号）、③**送達**（同条2号）、④**公序**（同条3号）、および⑤**相互の保証**（同条4号）である。外国判決の承認・執行に関しては150件以上

の公表裁判例があるが、最高裁判例としては、①〜③について前掲最判平成 10・4・28、②について最判平成 26・4・24 民集 68 巻 4 号 329 頁、④について最判平成 9・7・11 民集 51 巻 6 号 2573 頁（以下、最判平成 9・7・11 ⓑ）、そして⑤について前掲最判昭和 58・6・7 が重要である。

4. 承認対象性

　承認対象になるのは、「**外国裁判所の確定判決**」（民訴法 118 条柱書、民執法 24 条 5 項）である。

(1)判決性

　「**判決**」とは、**私法上の法律関係について当事者双方の手続的保障**の下に**終局的**にされた裁判をいい、その名称（決定、命令等）や手続、形式を問わない（前掲最判平成 10・4・28）。執行の対象となる外国判決（民執法 24 条 5 項）は、強制執行になじむ具体的な給付請求権が表示され、その給付を命じる内容を含んでいる必要がある（東京高判平成 5・11・15 高民集 46 巻 3 号 98 頁等）。

　外国判決の承認は民事紛争の実効的解決を目的とするので、承認の対象は**民事事件**に関する判決である。日本法上、私法上の法律関係である財産法や家族法の関係についての事件であれば問題ない。これに対して、刑事事件（刑法 5 条参照）と行政事件に関する判決は承認対象にならない。懲罰的損害賠償（☞後述 7.(5)）を命じる外国判決は民事判決でないとの有力な主張があるが、この賠償も私人間の不法行為に係る財産法関係の紛争として私人間で支払われるべきこと等から民事性を認めるのが多数説であり、妥当である。

　「**判決**」は、**当事者双方の手続的保障**のもとで行われる訴訟手続で

されるものである。通常の**財産法関係訴訟判決**にはもちろん承認対象性が認められる。また、**被告欠席の判決**（名古屋地判昭和 62・2・6 判時 1236 号 113 頁等）や**略式手続の判決**（東京地判平成 10・2・25 判時 1664 号 78 頁）も、訴状送達が適法にされていたり、所定の手続を踏めば正式な審理に移行できたりするなど、当事者への手続保障が付与された下でのものであれば、承認対象性は認められる。**人事訴訟判決**も当事者双方の手続的保障の下に終局的にされた裁判であるので、民訴法 118 条の「判決」に該当するが、家事事件の非訟裁判は家事法 79 条の 2 の適用を受ける（☞後述 **9**）。

　「判決」は、本案判決と別個にされることがある**訴訟費用負担命令**を含む（前掲最判平成 10・4・28 等）。**判決に記載のない利息**も、判決国法上、判決が支払を命じる金員に付随して発生し執行できるものであれば、判決の効果に含まれるものとして執行の対象になる（前掲最判平成 9・7・11 ⓐ）。承認対象性が認められないものとして、公正証書や裁判上の和解（ただし認める見解もある）などがある。

　なお、外国判決は渉外事件を扱ったものに限られない。判決国の純粋な国内事件についての判決であっても、日本に被告の財産がある等の場合、その承認・執行が日本で問題になることがある。

> **(2)外国裁判所**

　判決をする「**裁判所**」は、私法上の法律関係に関して判決する司法権限を通常行使する機関を意味する。裁判所である必要はなく、行政機関としての法廷であってもよい。外国刑事裁判所での判決が加害者に対して刑罰を科すと同時に、被害者に損害賠償すべきことを命ずるものである場合（付帯私訴等）、後者の部分は、前者から切り離されて承認対象になる。

　外「**国**」の意味に関しては、判決国が国際法上、日本政府によっ

て承認されている必要があるか否かの問題がある。例えば中華民国（台湾）や朝鮮民主主義人民共和国（北朝鮮）が問題となりうる。行政権と司法権の分立の観点から政府による承認を必要とする見解もあるが、ある国の裁判所による判決の承認をしても当該国の正式な承認になるわけでないことを理由に、国家承認を不要とする見解が有力である。国境を越えた権利保護や私法生活関係の国際的安定は、単に日本政府が当該国を承認していないことを理由に無視されるべきでないので、後者の見解が妥当である。

---

(3)確定性　　　　承認のためには、外国判決は「**確定**」したものでなければならない（民訴法 118 条柱書、民執法 24 条 5 項）。確定とは一般に、**通常の不服申立て手段が尽きた状態**と解され、その状態にあるか否かは**判決国法**によって判断される。フランス判決について、判決国法であるフランス法によりフランスで控訴されているので「確定」していないとした事例（東京地判平成 20・3・19 平成 19 年(ワ)第 30998 号）がある。

---

(4)保全命令　　　　**保全命令**は、紛争の終局的確定を目的としない暫定的な措置であること等から判決性を否定する見解が多数であるが、肯定する見解もある（☞**第Ⅸ章 4.**）。なお近時、知的財産権侵害事件について、侵害製品製造等の差止の仮処分の卓越した有用性の観点から、判決国の手続で債務者が審尋を受ける機会を与えられたこと等を条件に外国保全命令の執行を認める立法論がある。

5.　間接管轄

（1）趣旨

民訴法 118 条 1 号は承認要件として、「法令又は条約により外国裁判所の裁判権が認められること」を定める。外国裁判所による裁判権免除（☞**第Ⅳ章**）の判断も問題になり得るが、主に問題になるのは、判決国が当該民事紛争について国際裁判管轄権を有していたか否かという**間接管轄**の有無である（直接管轄については☞**第Ⅱ章**、**第Ⅲ章**）。間接管轄は、外国判決承認の土台となる最も重要な要件である。なぜならば**裁判の適正・衡平・迅速**の観点から、当事者双方がアクセスしやすく、かつ事件解決への十分な関心が見込める国（フォーラム）で審理されたことが、承認の要である手続保障や結論の正当性を強く推認させる積極的基盤になるからである。

（2）判断基準の基本

まず、「法令又は条約」は日本のものであり、間接管轄の有無は判決国法でなく**日本法**に従って判断される。なぜならば間接管轄は、判決国法では許容される直接管轄権行使が過剰でないことを日本における判決承認のためにチェックする要件だからである。

　次に、日本法における**間接管轄の決定基準**は何かが問題になる。**条約**がベースの場合（☞前述 1（3））、条約が定める直接管轄の決定基準が間接管轄の決定基準になる（船舶油濁等損害賠償保障法 12 条等参照）。しかしながらこれを除けば、日本法に間接管轄の決定基準を定めた規定はない。ここで議論されるのが、間接管轄の決定基準は直接管轄の決定基準（民訴法 3 条の 2 以下、人訴法 3 条の 2 以下、

家事法 3 条の 2 以下等）と同一であるべきか否かである。

> **(3) 間接管轄と直接管轄
> の判断基準の関係**

（ア） 鏡像理論・同一説

　通説は、間接管轄の決定基準は直接管轄の決定基準と同一であるとする。直接管轄と間接管轄は表裏一体で、後者はあたかも前者が鏡に映った像の如きであることを理由にする（**鏡像理論、同一説**）。実質的にも、外国で訴えられた被告が将来における日本での判決承認可能性をにらんで提訴を無視（欠席）するかどうか否かを決めるのに、間接管轄の有無の判断を日本の直接管轄の決定基準にそのまま照らすことのみでできるのであれば、**予測可能性**に適う。

　この考え方では、直接管轄を定める民訴法 3 条の 2 以下等の「日本」を「判決国」に読み替えて事件に当てはめ、間接管轄の有無を判断することになる（なお日本の法定専属管轄を定める民訴法 3 条の 5 は、外国裁判所の間接管轄を否定する形で作用することになる。平成 23 年民訴法改正前の事例であるが、日本特許権の移転登録を命じる韓国判決について間接管轄を否定した名古屋高判平成 25・5・17 平成 24 年（ネ）第 1289 号〔最判平成 26・6・26 平成 25(受)第 1706 号は上告不受理〕参照）。

（イ） 非同一説・判例の立場

　これに対して、間接管轄の決定基準は直接管轄のそれと同一である必要はないとする見解（**非同一説**）も有力である。主な理由は、①直接管轄は**行為規範性**が強い一方で間接管轄は**評価規範性**が強く、両者の働く場面・目的は異なること、②私法生活関係（特に離婚や親子関係）の国際的安定の観点からは、間接管轄の基準を緩めて日本での承認を拡大できる方が望ましいことである。

　判例は財産関係事件の間接管轄について、「基本的に我が国の民訴法の定める国際裁判管轄に関する規定に準拠しつつ、個々の事案における具体的事情に即して、外国裁判所の判決を我が国が承認するのが適当か否かという観点から、条理に照らして判断すべき」（前掲最判平成26・4・24。前掲最判平成10・4・28も同旨）と判示する。これは当該「外国判決を我が国が承認するのが適当か否かという観点」を掲げる以上、非同一説を採用するものと考えられる。

　上記①と②の理由に加え、③非同一説では、日本法にない訴訟類型が問題になる場合（英米法系の第三当事者訴訟に関して、前掲最判平成10・4・28）等には、事件の全体像から判決国のフォーラムとしての正当性に直接焦点を合わせて間接管轄を判断する柔軟なアプローチの展開がしやすいこと、④直接管轄の判断基準に特別の事情（民訴法3条の9等）が含まれるのであれば、同一説でも予測可能性は確実でないこと、⑤例えば**設例Ⅶ-1**(1)で、同一説では直接管轄の基準である契約債務履行地（民訴法3条の3第1号）や応訴（民訴法3条の8）等のどれもがない場合は間接管轄が認められず、CはS国判決①を得たことが無駄になるが、非同一説では承認制度の本旨に合わせて間接管轄を広げられること等も考えると、非同一説が支持されるべきである。

> **(4)非同一説による間接管轄判断の仕方**

　　　　　　　　　　　非同一説によれば間接管轄は、直接管轄の判断基準をベースにしつつ、「個々の事案における具体的事情に即して、外国裁判所の判決を我が国が承認するのが適当か否かという観点から」これに修正を加える形で判断される。修正の仕方にはまず、直接管轄の判断枠組の1つである**特別の事情**による訴え却下（民訴法3条の9等）を、積極的に検討する必要はないとすることが

考えられる。これは、特別（段）の事情判断を行う事例がほとんどない裁判実務の現状に沿う（最近のものとして、離婚訴訟に付帯した財産上の給付について人訴法3条の2第5号〔原被告とも米国人〕に準拠して、特別の事情〔人訴法3条の5〕に言及しないまま米国判決の間接管轄を認めた東京地判令和2・6・19令和元年(ワ)18933号）。

次に、解釈の分かれがある直接管轄規定について間接管轄の場面では管轄を広く認める解釈を採用するという修正も考えられる。例えば、営業所所在地（同条4号）と事業活動地（同条5号）で抽象的業務関連性説（☞**第Ⅱ章5.**）の採用を柔軟に検討できる。

さらに、**間接管轄独自のルール設定**が考えられる。**設例Ⅶ-1**(1)で直接管轄の管轄原因がない場合でも、「判決の承認を求められている者が、判決に係る訴えを提起したものであること」というルールを、2019年ハーグ判決条約（☞**コラム11**）の5条1項を参考にして設定すれば、間接管轄をスムーズに認められる。

修正の際には、非同一説の根拠の1つである評価規範の機能は手続保障と結びついているので、被告の**予測可能性**にも十分配慮すべきことになる。もし被告が判決国の過剰管轄性を精査して欠席したのであれば、「個々の事案における具体的事情に即して、外国裁判所の判決を我が国が承認するのが適当か否かという観点から」間接管轄判断を慎重にすべきことも非同一説は含意するであろう。

6. 送達

(1) 趣旨

民訴法118条2号は、「敗訴の被告が訴訟の開始に必要な呼出し若しくは命令の送達（公示送達その他これに

類する送達を除く。）を受けたこと又はこれを受けなかったが応訴したこと」を、承認要件として定める。判決国がフォーラムとして正当であり（1号）、承認に値する基盤が判決にあるとしても、不意打ち回避のために被告への訴訟開始の通知という**最低限度の手続保障**を求める趣旨である。

　2号要件はまず、①敗訴被告に呼出し等が「**送達**」された場合に満たされる。公示送達等は、被告が訴訟開始を知るチャンスが実質的に認められないので、「送達」に該当しない（同号括弧書）。次に、①の送達がなくても（また公示送達等であっても）、②被告が自己への訴訟開始を知って外国で「**応訴**」した場合、被告への手続保障の観点から問題はないので、同号の要件は満たされることになる。

```
(2)「送達」における条約遵
　守性と了知・防御可能性
```

（ア）「送達」の意義

　判決国訴訟の開始に必要な呼出し等の送達は、判決国において同国法に従って行われ（☞**第Ⅵ章 1.(1)**）、日本法上の方法と同じである必要はない（前掲最判平成 10・4・28 参照）。しかし、判決国法上の送達方法が手続保障に実質的に叶わない場合、判決を承認する基礎に欠ける。よって、2号の「送達」の概念は間接管轄と同様、判決国法でなく**日本法**の立場から判断されることになる。

　「送達」が実際的にどのようなものであるべきかについて、現在では前掲最判平成 10・4・28 が重要である。同最高裁判決は、①「被告が現実に訴訟手続の開始を了知することができ、かつ、その防御権の行使に支障のないもので」あること（**了知・防御可能性**）と、②判決国から日本への国際送達（☞**第Ⅵ章**）が必要であって両国の間に司法共助条約がある場合、「条約に定められた方法を遵守し」

ていること（**条約遵守性**）の 2 つを、2 号の「送達」にふさわしい内
実として求める（学説では①と②に相当するものを、それぞれ適時性
と適式性の名称で検討する見解が少なくないが、内容的には①と②の名
称の方が分かりやすい）。

（イ）了知・防御可能性

了知・防御可能性は**手続保障**の実質的な確保を趣旨とし、国際送
達と判決国内送達の両方で問題になる。一般に、了知可能性では訴
状等の作成言語についての被告の語学力や翻訳文の有無等が関係し、
防御可能性では訴状等の受取りから訴訟開始までに弁護士依頼の十
分な時間があったか等が問題になる。ただし高い語学力や翻訳文が
あれば了知が早くなりその分、防御の時間が増えるので両者は相互
独立でない。了知・防御可能性は、承認国である**日本の国際民事手
続法上の実質法的規範**として機能し、その充足が事件の具体的事実
に照らして総合的に判断される傾向にある（具体的・総合的判断の
例として、東京高判平成 27・9・24 判時 2306 号 68 頁）。

（ウ）条約遵守性

条約遵守性は、**訴訟手続の明確と安定**を根拠とし、**国際送達**で問題
になる（前掲最判平成 10・4・28 は条約にのみ言及するが、二国間取決
め等を排除する趣旨ではないであろう）。例えば英国訴訟で日本居住
被告への訴状等の送達が必要になった場合、日英間で適用がある送
達条約の定める方法（☞**第Ⅵ章 2.(2)**）で送達が行われれば条約遵
守性は満たされる。前掲最判平成 10・4・28 では、日本居住被告へ
の送達が必要になった場合に、被告に対して日本で私人による**直接
交付**が行われた。香港は当時英国領であったが日本は送達条約 10

VII 外国判決の承認・執行

条 c 号の拒否宣言をしているため（☞**第Ⅵ章 3.(5)(ア)**）、直接交付では同条約の遵守にならなかった（ただし、後述する応訴があったため、結局、民訴法 118 条 2 号の要件は満たされた）。

　条約遵守性に関しては、特に米国訴訟との関係で日本居住の被告に行われた**直接郵送**（翻訳文は通常付いていない）に基づく米国判決の承認・執行において、直接郵送が「送達」になるか否かが争われてきた（東京地判平成 9・12・8 判タ 976 号 235 頁等）。前掲最判平成 10・4・28 で明らかにされた条約遵守性の観点からは、直接郵送が送達条約上有効な送達方法であるか否かを、了知・防御可能性に先んじて検討・確認するのが便宜である。現在では日本は送達条約 10 条 a 号の拒否宣言をしているので（☞**第Ⅵ章 3.(5)(ア)**）、米国からの直接郵送は条約上有効な送達方法にならない。よって、**設例Ⅶ-1**(2) で S 国が送達条約の締約国である場合は確実に、直接郵送は条約遵守性を欠き、「送達」に当たらないので S 国判決②は執行されないことになる（ただし次に説明する「応訴」に注意）。

(3)「応訴」による 2 号要件の充足

「送達」がない場合でも、被告が外国訴訟で「**応訴**」していれば、被告は訴訟開始を知って現に防御方法をとることができたので、手続保障上の問題はなくなる。「送達」の不備を治癒して 2 号要件を充足させる「応訴」とは、「被告が、防御の機会を与えられ、かつ、裁判所で防御のための方法をとったこと」であり、「**管轄違いの抗弁**を提出したような場合もこれに含まれる」（前掲最判平成 10・4・28）。よって、2 号の「応訴」は、直接管轄としての応訴管轄（民訴法 3 条の 8　☞**第Ⅱ章 13.**）における応訴の概念よりも広い（ただし、「応訴」により「送達」のあらゆる瑕疵が治癒されるか否かについては検討の余地がある）。

7. 公序

民訴法 118 条 3 号は、外国「判決の内容及び訴訟手続が日本における公の秩序又は善良の風俗に反しないこと」をさらなる承認要件とする。外国判決による紛争解決の終局性を尊重するとしても、世界には様々な法制度があり、日本法の立場からは受け容れがたい判決（例えば、麻薬のような禁制品の代金支払を命じる判決）をする国もありうる。このような外国判決については、たとえフォーラムの正当性（1 号）や最低限度の手続保障（2号）の基礎があっても、承認を拒否して**日本法の基本原則または基本理念を守る**ことができるようにしているのが 3 号である。

最高裁も公序の条件について、「外国裁判所の判決が我が国の採用していない制度に基づく内容を含むからといって、その一事をもって直ちに右条件を満たさないということはできないが、それがわが国の法秩序の基本原則ないし基本理念と相いれないものと認められる場合には、その外国判決は右法条にいう公の秩序に反する」と述べて（前掲最判平成 9・7・11 ⓑ、最決平成 19・3・23 民集 61 巻 2 号619 頁）、この趣旨を確認する。

（2）判断枠組

3 号の公序概念は**国家的かつ国際的公序**であり（準拠法選択において外国法の適用排除を認める法適用通則法 42 条の公序と同旨）、日本法の立場から判断されるが、国内実質法上の公序（民法 90 条）と同一でなく、国際性に十分配慮して判断される。外国判決が公序に反するか否かは、①承認の結果が日本の法秩序を害するであろう大きさと（**承認結果の不当性**）、②事件と日本との間

の関連性の大きさ（**内国関連性**）の相関関係に基づいて総合的に判断されるべきことになる。すなわち、①と②がともに大きければ公序に反する可能性は大きくなり、逆に①と②がともに小さければ公序に反する可能性は小さくなる。このような関係を前提にしつつ、最終的に外国判決が公序に反するか否かが個々の事案ごとに具体的に判断されることになる。ただし、裁判実務においては、①の検討のみで、②への言及はほとんどないのが実情である。

(3) 実体的公序と手続的公序

３号は、①判決の「内容」に関する公序（**実体的公序**）と②判決の「訴訟手続」に関する公序（**手続的公序**）の２つを定める。すなわち、①外国判決の内容に現れている事件の実体的判断が日本の公序に反しないことだけでなく、②その判決を成立させた外国での訴訟手続自体に、日本の法秩序の観点からみて許容できない違反のないことが、承認要件になっている。

　実体的公序では、判決の主文よりも理由中の判断が重要な検討対象になる（「金銭をいくら支払え」の主文からは、それが麻薬取引に基づくものかどうか分からない）。**手続的公序**では、前述した「送達」要件（２号）でカバーされる手続事項を除き、最低限の手続的保障が確保されていたか否かが審査される。例えば、陳述の公平な機会の欠如、適時の告知の欠如、判決の詐取などである。

　なお、公序要件の審査は、外国判決が承認に値するか否かを判断するためのものであり、裁判の当否自体を問題にしているのでないから、実質的再審査（☞前述 2.(2)）に当たらない。

(4) 公序の判断事例

裁判においては、承認に反対する当事者によって様々な事項が公序違反として主張される。例えば、日本の国

際私法によれば準拠法となるべき日本法が判決では適用されていない（東京地八王子支判平成 10・2・13 判タ 987 号 282 頁）、日本政府から必要な許可を得ていない契約に基づいてされた判決は日本の外国為替管理法に違反する（東京地判昭和 44・9・6 判時 586 号 73 頁）、懈怠判決は当事者が証言録取に出席しなかったことへの制裁である（水戸地龍ヶ崎支判平成 11・10・29 判タ 1034 号 270 頁）等であるが、公序違反の主張が裁判実務で成功したことはあまりない。

　これまでに公序違反とされたのは、①**国際訴訟競合**の事案において日本判決と相容れない米国判決（大阪地判昭和 52・12・22 判タ 361 号 127 頁。ただし☞後述 **11.**）、②偽造婚姻届に基づいて詐取された韓国の婚姻確認審判（横浜地判平元・3・24 判時 1332 号 109 頁）、③判決から時間が経過して子が日本になじんでしまった場合における、米国人父への子の引渡しを日本人母に命ずる米国判決（東京高判平成 5・11・15 高民集 46 巻 3 号 98 頁）、④懲罰的損害賠償を命じる米国判決（前掲最判平成 9・7・11 ⓑ。☞**(5)** で詳しく述べる）、⑤日本人夫婦の受精卵により米国人女性が米国で代理出産した子と当該夫婦との間の実親子関係を確認する米国判決（前掲最決平成 19・3・23）等に限られる。

　最近のケースとして、**判決書**の写しが添付された判決登録書が敗訴被告に**送達**されなかった米国判決の事例（最判平成 31・1・18 民集 73 巻 1 号 1 頁）がある。最高裁は、「外国判決に係る訴訟手続において、判決書の送達がされていないことの一事をもって直ちに民訴法 118 条 3 号にいう公の秩序に反するものと解することはできない」としたうえで、同号にいう手続的公序違反に該当するのは、「外国判決に係る訴訟手続において、当該外国判決の内容を了知させることが可能であったにもかかわらず、実際には訴訟当事者にこ

れが**了知**されず又は了知する機会も実質的に与えられなかったことにより、不服申立ての機会が与えられないまま当該外国判決が確定した場合」であるとの判断を示した（この点の審理のため事件は原審に差し戻され、大阪高判令和元・10・4平成31年（ネ）第277号は事実認定のうえ、米国判決の内容の被告による了知を認めた）。

(5)懲罰的損害賠償判決　　**懲罰的損害賠償**には様々なものがあるが、ここでは、不法行為事件において、悪性の強い行為をした加害者に対し、実損害の賠償に加えて、**制裁**と**一般予防**を目的とする賠償金を被害者に支払うことを命じるものをいう。これを命じる外国判決（なお民事判決性に関して、☞前述4.(1)）について、最高裁は、日本の不法行為に基づく損害賠償制度は実損害の賠償を目的とするものであり、懲罰的損害賠償の制度とは本質的に異なるので（加害者への制裁と同様の行為の抑止は、日本では刑事上または行政上の制裁にゆだねられている）、懲罰的損害賠償は日本の損害賠償制度の基本原則ないし基本理念と相いれない、と判示した（前掲最判平成9・7・11 ⓑ）。

これは、懲罰的損害賠償を命じる外国判決は一般的に公序に反するとの見解であり、日本の学説においても概ね受け入れられている（ただしこの考え方でも、当事者の国籍・住所、行為地等がすべて判決国にあり、被告が懲罰的損害賠償の執行を免れるために日本に資産を移したような場合には、日本との内国関連性が大きくないために総合判断として公序に反しないことがあり得る）。なお、懲罰的損害賠償の部分は公序に反するとしても、実損害の賠償については判決の執行が認められる（前掲最判平成9・7・11 ⓑ等。以上の考え方は、補償的損害賠償だけでなく懲罰的損害賠償も含む米国判決に関して、米国でされた強

制執行により債権者が受けた金銭は、懲罰的損害賠償の部分には充当されず、補償的損害賠償の部分のみに充当されたものとみて、その残部の金額に限って執行判決をすべきと判示した最判令和3・5・25裁時1768号25頁〔前掲大阪高判令和元・10・4の上告審〕においても、一貫して維持されている）。

　しかしながら、日本にも実損害を超える賠償を認める制度（労働基準法114条等）は存在し、また、特許権侵害等における懲罰的損害賠償の導入議論において強い反対はあるものの全体としては賛成が若干多いとの調査もあり、日本の「基本原則ないし基本理念と相いれない」とまでは必ずしもいえないと考えられる。個別の事件において、日本の法秩序から見て許容できるのであれば、その部分に限り懲罰的損害賠償を承認すべきとの方向性が望ましい（なお、フランスなどヨーロッパのいくつかの国の判例においても、懲罰的損害賠償は常に公序に反するとのこれまでの立場から、その額が不均衡な場合に公序に反するとの立場への転換が最近見られる）。

8.　相互の保証

(1)趣旨と判断基準

　民訴法118条4号は、「相互の保証があること」を最後の承認要件として定める。**相互の保証**は、判決国が日本の同様の判決を承認するならば、日本も当該外国の判決を承認することが公平であるとの考えに基づくといわれる。

　相互の保証は、日本と判決国との間に承認に関する条約があれば、もちろん認められる。条約がない場合は、「当該判決をした外国裁判所の属する国……において、我が国の裁判所がしたこれと同種類

の判決が同条各号所定の条件と重要な点で異ならない条件のもとに効力を有するものとされている」場合に認められる（前掲最判昭和58・6・7）。条件の同一を求めず、その**実質的同等性**で足りるとして相互の保証の基準を緩和するのは、国際化が進んだ現在において同一当事者間に矛盾判決が出るのを防止し、かつ、訴訟経済や権利の救済を図る必要が増大していることを勘案した結果である。

　同種類の判決とは、例えば外国の人事訴訟判決の承認が問題になっている場合、当該外国法における人事訴訟判決の承認要件を比較検討すべきであるとの意味である。よって、当該外国法上、財産関係事件の他国判決は実質的再審査をするが人事訴訟事件判決ではこれをしないとき、後者については相互の保証があることになる。これを**部分的相互保証理論**という。

> **(2)相互の保証の
> 　　判断事例**

　次のような国・州が、相互の保証を満たすとされている。すなわち、米国の州（カリフォルニア、ハワイ、ネバダ、ニューヨーク、ワシントン D.C 等）、英国、ドイツ、フランス、香港（中国）、スイス（チューリッヒ州）、韓国、シンガポール、オーストラリアの州（クィーンズランド等）等である。

　ベルギーについて、実質的再審査が採用されていることを理由に相互の保証を否定した事例（東京地判昭和 35・7・20 下民集 11 巻 7 号 1522 頁）がある。しかし現在、ベルギーは法改正をして実質的再審査を禁止するので、相互の保証を否定する理由は見あたらない。

　中国（香港を除く）については、相互の保証を否定する裁判例が繰り返されている（大阪高判平成 15・4・9 判時 1841 号 111 頁、東京地判平成 27・3・20 判タ 1422 号 348 頁、東京高判平成 27・11・25 判タ 1422 号 348 頁〔前掲東京地判平成 27・3・20 の控訴審。最決平成 28・

4・20 平成 28 年(オ)第 350 号・平成 28 年(受)第 430 号により上告不受理〕)。これらは、中国では最高人民法院が「日本との間には互恵関係が存在しない」との見解を表し、日本判決を承認しない扱いが確定していることを根拠にする。

なお米国では、合衆国憲法と同程度の保障を言論・出版の自由に与えない外国裁判所の名誉毀損判決を承認・執行しないとする**SPEECH 法**が 2010 年に制定された。同法は外国の名誉毀損判決について実質的再審査を認めるものであるから、米国判決のうち名誉毀損判決は相互の保証を欠くとの主張がある。しかし、同法は真に実質的再審査を認めるものか、相互の保証なしによる絶対的不承認でなく公序（民訴法 118 条 3 号）による柔軟な調整を試みるので十分でないか、等の観点からのさらなる議論が期待される。

（3）相互の保証削除論　　相互の保証要件の具備は、条約の締結や、日本の民訴法と同程度の承認要件を外国が法制定（改正）するかどうか等にかかっている。これは、私人である当事者の力ではいかんともしがたいものである。また、相互の保証は、承認制度の目的である国境を越えた権利保護や私法生活関係の国際的安定等、ひいては手続保障や判決の正当性とは縁のないものである。それにもかかわらずその存在を訴訟で明らかにさせるための外国法の調査作業は、当事者にかなりの労力を強いる結果となっている。このようなことから、立法論として民訴法 118 条 4 号の削除論が大勢を占める。

9. 外国裁判所の家事事件裁判の承認・執行

(1) 承認と執行の基本条文　　家事法 79 条の 2 は、「**外国裁判所の家事事件**についての確定した裁判の効力」のタイトルのもと、「外国裁判所の家事事件についての確定した裁判（これに準ずる公的機関の判断を含む。）については、その性質に反しない限り、民事訴訟法 118 条の規定を準用する」と定める。また、民執法 22 条 6 号括弧書により、確定した執行判決のある外国家事事件裁判は債務名義となる。そして民執法 24 条 5 項が執行判決を得るために、家事法 79 条の 2 によって性質に反しない限り準用される民訴法 118 条の要件の充足を規定する。

(2) 家事法 79 条の 2 の適用　　家事事件裁判の承認においても家事法 79 条の 2 により民訴法 118 条がベースになるが、注意すべき点を述べる。まず、括弧書の「これに準ずる公的機関の判断を含む」は、家事事件の裁判権を行使する国家機関であれば司法裁判所以外であっても良いことを示す（☞前述 4.(2) と同旨）。

　次に、「その性質に反しない限り」「準用する」の意味であるが、民訴法 118 条 1 号（間接管轄）と 3 号（**公序**）は「性質に反しない」ので準用される。**間接管轄**に関しては、その判断基準についての議論（☞前述 5.）がここでも当てはまる。なお、基本的に準拠すべき国際裁判管轄権に関する規定は、家事法 3 条の 2 以下等になる（例えば前掲東京地判令和 2・6・19 は、扶養料の支払を命じる部分について、家事法 3 条の 10 に準拠して間接管轄を肯定した）。

　さらに、民訴法 118 条 2 号の「**送達**」との関係では、非訟裁判に

おいては「被告」が存在しないため、争訟性のある家事事件裁判について、これを「相手方」に置き換える形で「準用」することになる。そして争訟性がなく「送達」の必要性がないものについては、同法 118 条は 2 号の適用のない形で「準用」されることになる。

　議論が分かれるのは 4 号の**相互の保証**である。家事事件と財産関係事件を区別する積極的理由がないこと、相互の保証は緩やかな基準で認められるので不承認のケースはそれほど起きないと考えられること等から、4 号も「準用」されるとする見解が一般的である。しかしながら、非訟手続に基づく身分的法律関係の安定の観点から、国境を越えた家族の権利保護の要請が一層重要であることからすれば、「性質に反」するので準用はないと考えるべきであろう。

　設例Ⅶ-2 では、T 国判決のうち①離婚の部分は人事訴訟であり、民訴法 118 条が適用される。一方、②監護権者の決定には、家事事件裁判として家事法 79 条の 2 が適用される。そして、③子の引渡しの部分は、家事事件裁判であるところ、執行判決を求める訴えにおいて家事法 79 条の 2 が適用されることになる（民執法 24 条 5 項括弧書）。

10.　承認要件の手続上の取扱い

**（1）職権調査事項と
　　抗弁事項**
　　　　　　　　　　　民訴法 118 条の承認要件は基本的に職権調査事項であると考えられているが、例えば「送達」に関する 2 号要件は、敗訴被告の利益保護が根拠であることから**抗弁事項**であるとの見解が有力である。

　しかしながら、1 号（間接管轄）はもちろん、2 号（送達）も承認

233

制度の要である手続保障や結論の正当性を強く推認させる積極的基盤として機能している。2号における敗訴被告の利益保護の趣旨は消極的なものでなく、承認に値する判決であることを決める重要な土台の1つであると解するのであれば、抗弁事項にとどめるのは妥当でない。3号（公序）は日本の法秩序の基本原則ないし基本理念を判断基準にして、社会全体に影響を与えるものなので、これも職権調査事項とすべきである。そして、承認に値する判決の基盤作りに係る1〜3号に関しては、原告が証明責任を負うと考えるべきである。

　これに対して4号（相互の保証）は前述の通り（☞8.(3)）、承認制度の基礎にある手続保障や判決の正当性とは縁がない。よって、4号はその充足を裁判所が進んで取り上げる必要はなく、被告から異議が出たときに判断するので足りる（抗弁事項）と考えるべきである。この考え方によれば、外国法の調査の多大な労力（証明責任）を被告に負わせることができ、これは、自己の正当な権利保護のために判決承認の基盤作りをする原告とのバランスの観点からも正当化されると思われる。

(2) 承認要件審査の基準時

　承認要件がいつの事実に基づいて審査されるべきかについては、外国判決確定時を基本に考える傾向が見受けられるが、要件ごとに精査が必要である。間接管轄（民訴法118号1号）の基準時は、原則として判決国での訴え提起時である（なお、管轄権の恒定が認められる。民訴法3条の12参照）。公序要件（3号）については、日本法の基本原則・基本理念に反する結果を防ぐ趣旨等からみて、承認審査時説が妥当である（前掲東京高判平成5・11・15等。なお、民執法24条の執行判決請求訴訟の中で、相殺〔東京地判

平成 25・4・26 平成 23 年〔ワ〕第 19406 号〕等を抗弁として主張できる）。

　相互の保証（4 号）については、承認審査時説が多数説である。しかし、相互の保証を確認して判決国で訴え提起をした原告が、その後の法改正等で判決承認を受けうる期待の利益を奪われるべきでない。よって、基準時は訴え提起時とすべきである。しかし、被告への訴状「送達」の時点で相互の保証が失われており、このため被告が応訴しなかった場合等、特段の事情がある場合には、別の考慮（「送達」時とする等）も必要となることがあり得よう。

11. 内外判決の抵触

　同一事件に関して抵触する判決が日本と外国でされた状況について、ここで検討する。この点に関して、内外判決の確定の前後に関係なく外国判決は常に公序（民訴法 118 条 3 号）に反するとした裁判例（前掲大阪地判昭和 52・12・22）があることは前述した（☞ 7.(4)）。しかしこの立場であると、先に確定して承認要件も満たす外国判決の効力をどんな場合でも無視することになり、妥当でない。

　そこで、日本判決が先に確定しているときは、後に確定した外国判決は公序に反するとして承認されないことでよい。一方、外国判決が先に確定して承認要件も具備するときは、当該判決は日本で効力をすでに有しているため、後に確定した日本判決が民訴法 338 条 1 項 10 号により**再審**で取り消されうることになる（ただし、同項ただし書に注意）との説が妥当である（なお、外国判決が先に確定していた場合でも、抵触する判決に係る裁判が国際訴訟競合（☞**第Ⅱ章** 15.(4)）の状態であったときは、例えば特別の事情（民訴法 3 条の 9）の判断で日本裁判所が利益衡量の結果、日本訴訟を維持することにした

のであれば、間接管轄欠如（民訴法118条1号）または手続的公序違反（3号）として、当該外国判決はそもそも承認要件を満たしていないと考えられるべきである）。

Ⅷ　国際仲裁

◆ 設例Ⅷ-1 ◆

　日本企業 A 社は、世界各地でサーカスを行っている S 国の企業
B 社との間で、B 社が S 国で行っているのと同内容のサーカスを
日本で行い、その報酬として一定額を A 社が B 社に支払う旨のサ
ーカス興行契約（本件契約）を締結した。本件契約の締結は、B
社の代表者 C が来日した際に A 社で行われた。その後、B 社は日
本でサーカスを行ったが、A 社が予想していたほどには集客がで
きず A 社の収支は赤字となった。A 社は、B 社が行ったサーカス
の内容に手抜きがあったと考え、C の詐欺によって損害を被った
と主張し、C を被告として、日本の裁判所に不法行為に基づく損
害賠償請求訴訟を提起した。これに対し、C は、A 社と B 社の間
で締結された本件契約中に、A 社が申し立てる場合には S 国で、B
社が申し立てる場合には日本で、それぞれ仲裁によって解決する
旨の仲裁条項があり、この仲裁条項が C にも適用されると主張し
て、訴えの却下を求めている。C の主張のとおり、日本の裁判所
で裁判することは認められないか。

◈ **設例Ⅷ-2** ◈

　日本企業 D 社と S 国企業 E 社との間で締結された仲裁合意に基づき、日本の仲裁機関において仲裁手続が開始された（仲裁地は日本）。仲裁合意に基づき、D 社と E 社は、仲裁人としてそれぞれ X と Y を選任し、X と Y は、第三仲裁人として世界的な法律事務所 F の T 国事務所に所属する T 国の弁護士 Z を選任した。X、Y および Z の 3 人から構成された仲裁廷は、最終的に、E 社の主張を認めた仲裁判断を下した。その後、D 社が調査したところ、法律事務所 F の S 国事務所に所属する弁護士 G が、E 社の関連会社が当事者となっていた S 国での訴訟の代理人となっていたことが判明したが、Z は、この情報を D 社および E 社に開示していなかった。そこで、D 社は、日本の裁判所に、本件仲裁判断の取消しを申し立てた。この申立ては認められるか。

---

1. 国際取引紛争の解決方法としての仲裁の利用

(1)国際仲裁の意義　　　　国際民事紛争の解決方法は、訴訟に限られ
ない。特に国際取引に関する紛争については、訴訟ではなく、**裁判
外紛争解決手続（ADR）**の 1 つである仲裁が利用されることが多い。

　仲裁とは、紛争の判断を第三者（仲裁人）にゆだね、かつ、その
仲裁人の判断（仲裁判断）に拘束される旨の当事者間の合意（仲裁
合意）に基づく紛争解決方法である。紛争の最終判断を第三者にゆ
だねる点で訴訟と同様であるが、当事者間の仲裁合意を基礎とする
手続である点と、判断を行う第三者が公人（裁判官）ではなく私人
（仲裁人）である点で訴訟と異なっている。

（2）仲裁の利点

国際取引紛争に関し、訴訟よりも仲裁が利用される主な理由は、①仲裁人・仲裁手続に関して当事者自治が認められていることと、②仲裁判断が国際的に通用することにある。

第1に、訴訟の場合には、その国の民事訴訟法に従って手続が進められ、その国の裁判官が判断を行う。そのため、例えば、相手方の本拠地国が、法の支配が十分でなく、裁判所の信頼性・清廉性に問題がある場合には、中立的で信頼できる手続・判断の確保が困難となる。裁判所が信頼できる国の場合であっても、相手方の国での訴訟は、代理人の選定、手続・法廷言語や裁判官の理解・共感可能性などの点で、相手方に有利となることが多い。だからといって当事者双方に無関係な第三国で訴訟を行うことは、当事者双方に不便を強いるものであり、通常は現実的な選択肢とならない。これに対し、仲裁の場合には、高潔で信頼できる者（さらには争点となり得る技術や知識を有する専門家）を仲裁人として当事者が選定することができる。また、仲裁では、代理人がどの国の弁護士であるかは通常は問題とならず、当事者が選択した英語などの言語で、当事者が合意した中立的な手続を採用することも可能である。

第2に、訴訟の場合には、たとえ勝訴判決を得たとしても、外国で強制執行を行うことができるとは限らない。外国判決の承認・執行を保障する国際的な法的枠組みが存在しないからである（☞**第Ⅶ章**）。これに対し、仲裁の場合には、**1958年「外国仲裁判断の承認及び執行に関する条約」**（ニューヨーク条約）に160か国以上が加盟しており、NY条約に基づき世界各国で仲裁判断に基づく強制執行が可能である。

以上のような理由から、実務上、国際取引契約を締結する際、当

Ⅷ

国際仲裁

該契約に関連する紛争を仲裁によって解決する旨の条項（**仲裁条項**）を定めることが多い。

> **(3)仲裁を支援する　法的枠組み**

仲裁は、当事者間の合意に基づく「私的」な紛争解決手続であるから、仲裁に法的な正当性を認めるためには、各国が、仲裁手続を法的に容認し、仲裁判断に法的効力を与えることが前提となる。かつては、仲裁を敵視する国もあったが、現在では、大多数の国が仲裁を法的に正当な手続と認めたうえで、仲裁手続の公正性を担保するために仲裁法を制定している。各国に仲裁法の立法モデルを提供するため、国連国際商取引法委員会（UNCITRAL）は、1985 年に**「国際商事仲裁に関するモデル法」**（**仲裁モデル法**）を作成した（2006 年に改訂版も公表）。日本を含む、80 ヵ国以上が仲裁モデル法に準拠した仲裁法を制定している。とはいえ、仲裁モデル法の採用国も、自国の事情に応じて適宜修正を加えたうえで立法化していることや、仲裁モデル法とは異なる独自の仲裁法を制定する国もあることから、仲裁法の内容は国によって異なっているのが現状である。

　ただし、仲裁合意および仲裁判断の承認・執行については、ニューヨーク条約によって各国の法内容の統一が実現している。ニューヨーク条約の締約国は、所定の要件を満たす仲裁合意の効力を認め、その対象となる紛争についての訴訟を行ってはならず（ニューヨーク条約 2 条）、所定の拒否事由がある場合を除き、外国の仲裁判断を承認・執行しなければならない（ニューヨーク条約 4 条・5 条）。

2. 仲裁手続・仲裁規則・仲裁法

**(1)機関仲裁と
アドホック仲裁**　私的な手続である仲裁においては、その手続の内容を当事者が定めることになる。とはいえ、当事者が手続の詳細すべてを合意し、自ら手続の運営を行うことは、必ずしも容易なことではなく、仲裁手続サービスを提供する民間の専門機関（仲裁機関という）を利用することも多い。このような仲裁機関を利用した仲裁を「**機関仲裁**」という。仲裁機関は、仲裁人名簿や自らの仲裁手続規則（仲裁規則）を持っており、機関仲裁の場合には、その機関の仲裁規則に従って手続が実施されることになる。代表的な仲裁機関として、国際商業会議所（ICC）の国際仲裁裁判所、ロンドン国際仲裁裁判所（LCIA）、アメリカ仲裁協会（AAA）の紛争解決国際センター（ICDR）、シンガポール国際仲裁センター（SIAC）などがあり、日本には日本商事仲裁協会（JCAA）がある。

　これに対し、当事者自身が手続を管理する仲裁を「**アドホック仲裁**」（ないし個別仲裁）という。アドホック仲裁の場合、UNCITRAL が 1976 年に作成した「UNCITRAL 仲裁規則」（2010 年、2013 年の改訂版あり）を当事者が利用することが多い。

**(2)仲裁地の仲裁法に
よる仲裁手続の規律**　各国は、仲裁手続の公正性を担保する仲裁法を制定している。当事者間の合意や仲裁機関規則に基づく手続であっても、仲裁法上の強行法規に反するものは許容されず、そのような手続で下された仲裁判断の効力も否定され得る。

　問題となるのは、個々の仲裁手続に対してどの国の仲裁法が適用されるのかという点である。この点については、一般に、「仲裁地」

の属する国の仲裁法が適用されると考えられている（仲裁モデル法1条2項など）。仲裁地とは、当事者が仲裁地として合意した地をいい、仲裁判断において仲裁地として記載される地である。通常は、仲裁地において仲裁手続が実施されることが多いと考えられるが、口頭審理その他の手続や仲裁人の評議などを仲裁地で行う必要はない（仲裁モデル法20条を参照）。仲裁地において仲裁手続を一切実施しないことも可能である。結局、仲裁地は観念的なものであり、口頭審理などの仲裁手続を実施する地である「仲裁審理地」（仲裁実施地）と区別する必要がある。

　このように、仲裁地は、仲裁手続を規律する仲裁法を決定する基準となるものであるが、さらに、仲裁手続の監督・支援について責任を負う国を定める基準でもある。例えば、仲裁判断の取消し申立てについては、一般に、仲裁地の属する国の裁判所に専属的な裁判管轄権があると解されている（仲裁モデル法34条、ニューヨーク条約5条(1)(e)などを参照）。

　⑶日本の仲裁法の適用　　　　日本企業が外国企業との取引に関して仲裁合意を締結する場合、ICC や SIAC などの機関仲裁を利用することが多い。この場合、実務的には、当該仲裁機関の仲裁規則や仲裁地国の仲裁法を調査・検討する必要がある。もっとも、多少の相違点はあるものの、世界各地で行われている仲裁手続には一定の共通性がみられ、また、世界各国の仲裁法も概ね類似している（特に仲裁モデル法に準拠している国の仲裁法は、ほとんど同一内容である）。本章では、紙幅の関係で、日本の「仲裁法」（以下では「法」と略す）を前提に国際仲裁手続の法律問題を検討するが、この検討は、諸外国での仲裁手続にも一定の妥当性を持つであろう。

　日本の仲裁法の規律対象は、①仲裁地が日本国内にある仲裁手続と、②仲裁手続に関して日本の裁判所が行う手続である（法1条）。ただし、仲裁合意の対象となっている訴えが日本の裁判所に提起された場合における妨訴抗弁としての仲裁合意の有効性の問題などについては、その仲裁地のいかんを問わず、日本の仲裁法が適用され、仲裁判断の承認・執行の問題については、仲裁地が外国の場合であっても日本の仲裁法が適用される（法3条）。

3.　仲裁合意

（1）仲裁合意の成立・
　　　効力

　　　　　　　　　仲裁の根拠である仲裁合意なくして、仲裁廷・仲裁手続・仲裁判断の正当性は認められない。仲裁合意が有効に成立するためには、当該合意が契約として有効に成立するための一般的な要件を満たしていることと、当該合意が仲裁合意の内容を有すること（すなわち、紛争の判断を仲裁人にゆだねて訴訟によらないことと、仲裁判断に拘束されること）が必要となる。

　仲裁合意が有効に成立した場合には、当事者は、仲裁合意の対象となる紛争を訴訟によらずに仲裁によって解決する義務を負う。日本の仲裁法も、仲裁合意の対象となる紛争について訴えが提起された場合には、仲裁合意が効力を有しないときなどを除き、被告の申立てに基づいて訴えが却下される旨を定めている（法14条1項）。仲裁合意の存在が妨訴抗弁となるが、その前提として、仲裁合意の存否、有効性、人的効力範囲（誰に効力が及ぶか）、物的効力範囲（どの紛争に効力が及ぶか）などが問題となる。

　さらに、国際取引に関する仲裁合意は、渉外性を帯びているため、

その準拠法を決定する必要がある。

(2)仲裁合意の独立性

仲裁合意は、既に生じた紛争だけでなく、例えば、売買契約（主契約）中に「本契約に関連して生ずる紛争」を対象とする仲裁条項を定めるなどの方法で、将来において生ずる一定の法律関係に関する紛争を対象とすることも可能である。

主契約中の仲裁条項については、その法的性格に鑑み、主契約とは別個の契約と扱われる（**仲裁合意の分離可能性または独立性**という）。準拠法を決定する際にも、主契約（売買契約）の準拠法とは別個に仲裁合意の準拠法を決定することになる。また、ほとんどの国の仲裁法において実質法上の独立性が認められており、主契約が効力を有しないからといって、主契約中の仲裁条項も当然に効力を有しないとされるわけではない（法13条6項）。

(3)仲裁合意の準拠法

仲裁合意の成立については、第1に、当事者の能力や契約締結権限が問題となる。これらの問題は、一般の契約と同様に、当事者の能力（法適用通則法4条参照）や代理権の準拠法、代表権の準拠法によると解される。

第2に、仲裁合意の方式について、日本の仲裁法は、書面（電磁的記録等を含む）であることを要求している（法13条2項〜5項）。ニューヨーク条約も書面であることを要求する。方式の準拠法については、学説上、仲裁地法によるとの説と法適用通則法10条に基づき仲裁合意の成立の準拠法または仲裁合意の締結地法・申込み地法・承諾地法によるとの説などが主張されている。

第3に、意思表示の瑕疵などの仲裁合意の実質的成立要件に関する準拠法については、手続的契約という性質を重視して法44条1

項2号・45条2項2号を類推適用すべきであるとの有力説もあるが、判例・多数説は、法律行為の一種として法適用通則法7条以下の規定によると解している。いずれの説でも、当事者間に仲裁合意の準拠法に関する合意があれば、その法による。この合意がない場合には、判例・多数説によれば当該仲裁合意に最も密接な関係を有する地の法によるが、通常は、仲裁地法が最密接関係地法と解される。仲裁合意の効力の問題、たとえば仲裁合意の人的効力範囲や物的効力範囲の問題も同様に、法適用通則法7条以下の規定による。

　第4に、仲裁合意の対象について、日本の仲裁法は、「当事者が和解をすることができる民事上の紛争」に限定している（法13条1項）。**仲裁適格ないし仲裁可能性**の問題である。国によって、仲裁適格が認められる紛争の範囲は異なる。仲裁適格の問題の準拠法については、当該紛争の準拠法による説、仲裁合意の準拠法による説、法廷地法説などが主張されている。

　設例Ⅷ-1 では、妨訴抗弁の局面（法14条1項）において、AB間の仲裁合意の効力がBの代表者Cにも及ぶかという仲裁合意の人的効力範囲が問題となっており、その準拠法を決定する必要がある。仲裁合意の効力の問題については、法適用通則法7条により、仲裁合意自体の準拠法合意があったか否かを確認する必要がある。本件で、仲裁合意自体の準拠法合意がなかったとすれば、法適用通則法8条により、本件仲裁合意の最密接関係地法として、仲裁地法が準拠法とされよう。本件ではAが申立てをしていることから、仲裁地はS国となり、S国法が準拠法になると解される。S国法によれば、Bの締結した仲裁合意の効力がその代表者Cにも及ぶとされているのであれば、Cの主張のとおり妨訴抗弁が認められ、Aの訴えは却下されることになる。

Ⅷ
国際仲裁

　法適用通則法や仲裁法が制定される前であるが、同様の事案［リングリングサーカス事件］について最高裁（最判平成9・9・4民集51巻8号3657頁）も、法例7条1項［法適用通則法7条に相当］を適用したうえで、当事者の黙示の意思として仲裁地法を準拠法とした。

4.　仲裁人の選任と仲裁廷の構成

（1）仲裁人の選任

　仲裁人として誰を選任するかは、当事者にとって重要な問題である。第1に、仲裁人の数も当事者が合意で決定できる。通常は1人または3人とすることが多い。第2に、仲裁人の選任方法も当事者が合意で決定できる。仲裁人の数が3人の場合には、当事者がそれぞれ1人の仲裁人を選任し、当事者により選任された仲裁人（当事者選任仲裁人）2人が3人目の仲裁人（第3仲裁人または首席仲裁人）を選任するという方法をとることが多い。仲裁人の数や選任に関して当事者間に合意ができない場合には、裁判所に支援を求めることができる（法16条・17条）。

　仲裁人の資格について、特段の制限は課されていないが、仲裁人について、当事者が合意で定めた要件を具備しないことや、仲裁人の公正性または独立性を疑うに足りる相当な理由があることは、忌避事由となる（法18条1項）。そのため、仲裁人は、仲裁手続の進行中、当事者に対し、「自己の公正性又は独立性に疑いを生じさせるおそれのある事実」（公正独立阻害事由）の全部を遅滞なく開示しなければならない（同条4項）。問題となるのは、どのような事実が公正独立阻害事由に該当し、どの程度の調査義務が仲裁人に課さ

れているかという点である。**設例Ⅷ-2** でも、この点が問題となる。何が公正独立阻害事由に該当するかについては、一般に、国際法曹協会（IBA）が作成した「**IBA 利益相反ガイドライン**」が参考になろう。また、仲裁人の調査義務について、最高裁（最決平成 29・12・12 民集 71 巻 10 号 2106 頁）は、「合理的な範囲の調査を行うこと」を要求している。

> (2)仲裁廷の仲裁権限
>   判断権

仲裁手続を進めるにあたり、仲裁廷の仲裁権限（仲裁手続における審理および仲裁判断を行う権限）の有無が争われることが多い。仲裁権限は、当事者の仲裁合意を根拠とするものであるから、仲裁合意の存否や効力の有無などが問題となる。この仲裁権限の有無の問題については、裁判所に判断をゆだねることなく、仲裁廷自身が判断を行うことができる（法 23 条）。この仲裁廷の権限のことを、**コンペテンス・コンペテンス**（competence-competence）ないし仲裁権限判断権という。仲裁権限判断権は、迅速な仲裁手続の進行を確保することなどを根拠とし、ほとんどの国の仲裁法で認められている。

Ⅷ

国際仲裁

仲裁権限を有することを前提とした仲裁判断に対し、これに不服の当事者は、後述の仲裁判断の取消し申立てにより、裁判所の最終的な判断を求めることができる。

5. 仲裁手続と仲裁判断

> (1)仲裁手続の実施

仲裁廷の仲裁権限が肯定される場合、仲裁手続が実施されることになる。仲裁手続は、①当事者を平等に取り

扱うこと、②事案について説明する十分な機会を当事者に与えることという基本原則（法25条）のもとで、当事者が合意した方法（当事者の合意のない事項については仲裁廷が適当と認める方法）で実施する（法26条1項・2項）。前述のとおり、仲裁手続における実際の審理は、必ずしも仲裁地で行う必要はない（法28条3項）。仲裁手続で使用する言語も、当事者が合意で定めることができる（法30条1項）。当事者が合意すれば、口頭審理を実施せずに書類審査のみの手続を行うことも可能である（法32条）。

(2)仲裁判断の準拠法

仲裁手続において期が熟した場合、仲裁廷は、仲裁判断を行うことになる。その際の判断基準（準拠法）は、当事者が合意により定めるところによる（当事者の合意がなければ、当該紛争に最も密接な関係がある国の法令による）。なお、当事者双方の明示の求めがあれば、法ではなく「衡平と善」に基づく判断を行うことも可能である（法36条）。

(3)仲裁判断の取消し

仲裁判断に不服の当事者は、裁判所に対し、仲裁判断の取消しの申立てをすることができる。なお、仲裁判断の取消しの裁判については、一般に、仲裁地の裁判所の専属管轄に属すると解されており、日本の裁判所に対して仲裁判断の取消し申立てができるのは、仲裁地が日本国内にある仲裁判断に限られる（法3条1項、44条）。

　裁判所は、次の①〜⑧の取消し事由のいずれかがあると認めるときは、仲裁判断を取り消すことができる。①仲裁合意が、当事者の行為能力の制限により、その効力を有しないこと、②仲裁合意が、当事者が合意により仲裁合意に適用すべきものとして指定した法令

（当該指定がないときは、日本の法令）によれば、当事者の行為能力の制限以外の事由により、その効力を有しないこと、③申立人が、仲裁人の選任手続や仲裁手続において、日本の法令により必要とされる通知を受けなかったこと、④申立人が、仲裁手続において防御することが不可能であったこと、⑤仲裁判断が、仲裁合意や仲裁手続における申立ての範囲を超える事項に関する判断を含むものであること、⑥仲裁廷の構成や仲裁手続が、日本の法令に違反するものであったこと、⑦仲裁手続における申立てが、日本の法令によれば、仲裁合意の対象とすることができない紛争に関するものであること、⑧仲裁判断の内容が、日本の公序に反することである。

設例Ⅷ-2 では、仲裁人Ｚが公正独立阻害事由（法18条4項）を当事者に開示しておらず、特に⑥に該当するのではないかが問題となる。この点につき、前掲の最決平成29・12・12の原審である大阪高決平成28・6・28（判時2319号32頁）は、「仲裁人の開示義務が、仲裁手続の公正及び仲裁人の公正を確保するために必要不可欠な制度であることを考慮すると、本件開示義務違反は、それ自体が仲裁廷の構成又は仲裁手続が日本の法令に違反するものとして仲裁法44条1項6号の取消事由に該当する」と判示した（なお、最高裁は、開示義務違反が取消事由に該当するか否かについては判断していない）。

(4) 仲裁判断の承認・執行
　外国を仲裁地とする仲裁判断（外国仲裁判断）も、日本国内で判決と同一の効力を有し（自動承認原則）、その効力を争う当事者は、裁判所の審理を求めることになる。また、日本国内において仲裁判断に基づく強制執行を求める当事者も、裁判所に執行決定を求める申立てをする必要がある。その際、承認・執

249

行の拒否事由（拒否事由）の有無が裁判所で審理されることになる（法45条・46条）。

　拒否事由は、取消し事由（前述①〜⑧）とほぼ同内容であり（ただし、②③⑥の日本の法令とは仲裁地法を意味する）、さらに⑨仲裁地法によれば仲裁判断が確定していないことや、仲裁判断が仲裁地国の裁判機関により取り消されたこと（法45条2項7号）が加えられている。これらの事由は、ニューヨーク条約5条とほぼ同一の内容である。

　逆に、日本を仲裁地とする仲裁判断も、ニューヨーク条約5条に定める拒否事由がない限り、同条約の締約国において承認・執行されることになる。

Ⅸ 国際民事保全

1. 「国際民事保全」の意義

国際民事保全とは、民事訴訟の本案の権利の実現を保全するための仮差押えおよび係争物に関する仮処分ならびに民事訴訟の本案の権利関係につき仮の地位を定めるための仮処分（すなわち民事保全）のうち、外国との関連性（渉外性）を有する場合をいう。本章では、主に日本の裁判所における国際民事保全に関する法律問題を検討した後、現在、法改正作業が進んでいる仲裁廷による暫定保全措置の問題にも言及する。

日本の裁判所における民事保全事件については、主に民保法によって規律されている。特に、保全命令事件の国際裁判管轄については、民保法 11 条に明文規定が置かれている。日本の裁判所の国際裁判管轄が肯定される場合、次に、保全命令の審理手続において、事件の渉外性がどのような影響を与えるかが問題となる。さらに、保全執行に関して、外国裁判所の保全命令を日本において執行できるかが問題となる。

仲裁廷による暫定保全措置については、仲裁廷がどのような暫定保全措置を命令できるか、仲裁廷が命じた暫定保全措置を日本において執行できるか、執行できるとすれば、どのような要件を満たしておく必要があるかなどが問題となる。

2. 国際保全管轄

民保法 11 条は、保全命令事件の国際裁判管轄（**国際保全管轄**）について、「保全命令の申立ては、日本の裁判所に本案の訴えを提起することができるとき、又は仮に差し押さえるべき物若しくは係争

物が日本国内にあるときに限り、することができる。」と規定する。すなわち、①本案訴訟の管轄地（以下「本案管轄地」という）と、②仮差押え対象物・係争物の所在地（以下「保全対象の所在地」という）に、国際保全管轄を認めたものである。

(1) 本案管轄地の管轄権

本案管轄地に国際保全管轄を認めた理由として、本案訴訟に対する保全命令事件の従属性および裁判所の審理の便宜が挙げられる。保全命令の審理において本案での債権者勝訴の蓋然性が考慮されるなど、保全命令の審理は本案審理と重複する点が多いため、日本の裁判所に本案管轄が認められるのであれば保全管轄も認めるのが便宜であるという理由である。

これに対し、保全対象が日本国内にない場合には、保全命令を発令しても保全執行ができないために実効性を欠くのではないかとの疑問もありうる。しかし、債務者による任意履行や外国における承認・執行などの可能性がないわけではないことから、民保法 11 条は、保全対象が外国にある場合であっても、本案管轄地である日本の国際保全管轄を認めている。

本案について外国裁判所の専属管轄を認める合意がある場合には、日本の裁判所に本案管轄が認められないため、保全対象が日本国内に所在するとき（☞後述 (2)）を除き、日本の裁判所の保全管轄も否定されることになる。

外国国内に仲裁地を定める仲裁合意がある場合はどうか。仲裁合意がなければ、本案訴訟について日本の裁判所が管轄権を有したといえるのであれば、日本の裁判所の保全管轄も肯定できるとの見解もあるが、そもそも仲裁合意がある場合には、本案について日本の裁判所に訴えを提起しても訴えが却下されることになる（仲裁法 14

IX 国際民事保全

253

条1項本文）ため、外国裁判所の専属管轄合意がある場合と同様に、日本の裁判所の保全管轄が認められないと解すべきであろう（東京地決平成 19・8・28 判時 1991 号 89 頁参照）。

(2)保全対象の所在地の管轄権

保全対象の所在地に国際保全管轄を認めた理由として、執行の便宜が挙げられる。保全命令は執行手続との連続性が強く、保全対象の所在地で保全命令の執行が行われることから、迅速性・実効性を要する保全命令の管轄をその地に認めるのが便宜であるとの理由である。

　これに対し、本案訴訟に対する保全命令事件の従属性の観点から、本案訴訟が外国で行われる場合には、当該外国裁判所の本案判決が日本で承認されうるときに限り、日本の保全管轄を認めるべきではないかとの考え方もありうる。しかし、外国で将来下されるべき本案判決の承認予測が困難なことや、複数の国が本案管轄を持つ可能性もあり、保全命令の申立ての時点で、どの国で本案訴訟が提起されるか特定できないことなどの理由から、外国本案判決が日本で承認されるかどうかは、保全管轄の判断においては問題とされない。このような事情は、その後の本案起訴命令の段階で、一定の配慮が可能であろう。

　保全対象の所在地の決定は、民保法 12 条 4 項から 6 項による。債権については、その債権の債務者（第三債務者）の住所地・本店所在地に所在するが、船舶または動産の引渡しを目的とする債権および物上の担保権により担保される債権は、その物の所在地に所在するものとされる。不動産、船舶、動産及び債権以外の財産権（民執法 167 条 1 項の「その他の財産権」）で第三債務者またはこれに準ずる者があるものについては、当該第三債務者等の住所地・本店所

在地に所在するものとされる。権利の移転について登記または登録を要するものであるときは、その財産権については、当該登記または登録地国に所在するものとされる。特定物に関する作為・不作為を命ずる仮処分（例えば、建築続行禁止の仮処分）についてはその特定物の所在地が、特定物を目的としない作為・不作為を命ずる仮処分（例えば、出演禁止の仮処分）については、作為・不作為がされるべき地が、それぞれ「係争物の所在地」であると解される。

設例IX-1 の場合、船舶Ｃ号が日本国内に所在していないため、保全対象の所在地に基づく日本の保全管轄は認められない。ただし、本件の本案は貸金返還請求であって、当該債務の履行地が日本国内にあることから、本案訴訟について日本の国際裁判管轄が認められる（民訴法3条の3第1号）。したがって、本件の仮差押え命令の管轄権も、日本の裁判所に認められるであろう（民保法11条）。

3. 国際保全手続

　日本の裁判所に申立てがされた保全命令事件の手続については、「手続は法廷地法による」という大原則に従い、日本の民事保全法が適用される。

| (1) 保全命令の要件 |

　　　　　　　　　　　　日本の裁判所が保全命令を発令するためには、被保全権利の存在と保全の必要性についての疎明を要する（民保法13条）。

　まず、被保全権利について、渉外事件の場合には、その準拠法が外国法となり得る。この場合に、迅速な判断が求められる保全手続において、どこまで外国法の適用を求めるべきか。この点について

は、仮の地位を定める仮処分のように、単なる暫定的規整に止まらず、本案の先取り的な判断が求められる類型の保全訴訟においては、本案訴訟と同等の準拠法適用が求められようが、緊急的・暫定的な規整の実現が問題となる仮差押えのような類型については、申立人に、自己の申立てを基礎づける外国法の内容を疎明させたり、あるいは直截に法廷地法の適用を許すとの見解が有力である。なお、被保全権利の存否に関して法廷地法である日本法を適用する場合には、本案訴訟において本来の外国法が適用されて債権者が敗訴する可能性があるが、この不都合を回避する方法として、保全命令の際の申立人（債権者）の担保の額の決定（民保法 14 条）においてかかる事情を考慮することが主張されている。

　次に、保全の必要性に関し、保全命令の実効性を考慮すべきであるとする見解が有力である。この見解によれば、本案管轄地である日本の裁判所が外国所在の保全対象に対する保全命令を発出できるかが問題となる。というのは、外国に所在する保全対象については、保全命令の執行可能性・実効性に疑問が残るからである（保全命令の実効性を、保全の必要性ではなく、権利保護の利益の枠組みで考慮すべきとの見解もある）。この点については、保全対象が外国に所在するということだけで、保全の必要性を否定すべきではないとする見解が有力である。その理由としては、日本の保全命令を当該外国が承認・執行する可能性があること、船舶などの保全対象については日本に移動してくる可能性があることがあるからである。また、債務者に対して外国所在の財産の処分を禁止する仮処分命令を、不作為を命ずる仮処分として発し、保全執行を間接強制の方法で実施すること（民保法 52 条、民執法 172 条）によって、保全命令の実効性を確保することも主張されている。

(2) 本案の起訴命令

債務者を長期間にわたって不安定な地位におくべきではないことから、民保法37条は、保全命令を発した裁判所が、債務者の申立てにより、債権者に対して一定期間内に本案の訴えを提起するよう命じなければならないと規定する。問題となるのは、本案について、外国裁判所の専属管轄合意や仲裁合意がある場合である。外国での本案の訴え提起や仲裁申立てについて、その結果として下される判決や仲裁判断が日本で承認・執行されるものであれば適法な本案の起訴をみることができるが、日本での承認・執行可能性がないような場合には、適式な本案起訴がないとして、民保法37条3項による保全命令の取消しを認める見解が有力である。

(3) 執行期間の伸長

民保法43条は、保全命令の送達日から2週間以内に保全執行を行わなければならないと定める。この執行期間を不変期間とみる見解も有力であるが、少なくとも渉外保全事件については裁判所による伸長を認めてよいとの見解も主張されている。

4. 外国保全命令の承認・執行

例えば、本案管轄権を有する外国裁判所が、日本に所在する目的物を対象として仮差押え命令を発することが考えられる。このような外国の裁判所が発した保全命令（**外国保全命令**）は、わが国でも承認・執行できるか。

この点について、本案訴訟と保全訴訟との国際的な分裂や審理の

重複を回避すること、近時の国際立法において保全命令の執行を認めるのが主流であること、執行を認めないと債権者に酷となるような事案も生じうる可能性があることなどを考慮し、学説上、確定した外国保全命令についてはその執行を認める見解や、権利実現の必要性と緊急性、保全命令が取消・変更される蓋然性（裁判の安定性）、債務者の損害の回復可能性などを総合的に考慮して、債権者保護の要請が債務者保護の要請を上回る場合に限り執行を認める見解などが主張されている。

　これに対し、判例・通説は、外国判決の承認・執行を認める民訴法118条の要件である「確定判決」には、保全命令が含まれないと解し、外国保全命令の承認・執行を認めない（☞第Ⅶ章4.(4)）。「確定判決」とは、法的紛争を終局的に解決するものでなければならないのに対して、保全命令は、単なる暫定的な判断にすぎないからである。保全命令は、その後の本案判決において取消しや変更がなされ得るため、執行を許すに足るだけの安定性を備えていないのである。もしもわが国が外国保全命令を執行した後に、当該外国において保全命令の取消しがなされた場合の原状回復や損害賠償は、きわめて困難となる。また、債権者としては、我が国の裁判所で改めて保全命令の申立てをすれば足りるのであり、その審理の際に、保全の必要性を疎明する資料として当該外国保全命令を考慮できることを考えると、外国保全命令の執行を認めるのと大きく異ならない処理も可能であろう。

　設例Ⅸ-2 の事案では、Ｔ国の裁判所が仮差押え命令を発布しており、わが国の判例・通説によれば、外国保全命令の承認・執行は認められないことになる。

5. 国際商事仲裁における保全措置

◈ 設例IX-3 ◈

　日本企業D社は、S国企業E社と売買契約を締結した。当該売買契約中には日本を仲裁地とする仲裁合意がおかれていた。E社が代金を支払わなかったため、D社は、日本で仲裁手続を開始した。その後、E社がS国で本件売買契約に関する訴訟を提起したため、D社は、E社に対してS国での訴訟を禁止する旨の命令（訴訟禁止命令）を発することを仲裁廷に申し立てた。仲裁廷は、E社に対する訴訟禁止命令を発することができるか。

◈ 設例IX-4 ◈

　日本企業J社は、S国企業F社と売買契約を締結した。当該売買契約中にはT国を仲裁地とするU仲裁機関での仲裁手続によって紛争を解決する旨の仲裁合意がおかれていた。J社が代金を支払わなかったため、F社は、U仲裁機関に仲裁手続の申立てを行うとともに、U仲裁機関の仲裁規則に従い、J社の唯一の財産である日本所在の不動産についての処分を禁止する命令をJ社に対して行う暫定保全措置の申立てを行った。

①U仲裁機関は、その仲裁規則に従い、緊急仲裁人を選任して、F社の申立てを認め、J社に対して日本所在の不動産についての処分を禁止する命令を下した（当該暫定保全措置には、J社が違反した場合には一定額の違反金の支払を命ずることも規定されていた）。この暫定保全措置は、日本において効力を有するか。また、J社が命令に違反した場合に、F社は、日本の裁判所において、J社に対する違反金支払の強制執行を求めることができるか。

②U仲裁機関において仲裁手続が正式に開始され、仲裁廷が構成された。その後、仲裁廷が、①と同内容の暫定保全措置を下していた場合はどうか。

IX 国際民事保全

259

　前述のとおり（☞**第Ⅷ章5.(4)**）、仲裁地のいかんを問わず、仲裁廷が下した仲裁判断は、承認拒否事由がある場合を除いて、日本において確定判決と同一の効力を有し（仲裁法45条）、仲裁判断に基づいて民事執行をしようとする当事者は、債務者を被申立人として、日本の裁判所に対し、執行決定を求める申立てをすることができる（同法46条）。ただし、このように日本で承認・執行される「仲裁判断」とは、本案についての終局的な判断をいい、仲裁廷が下した暫定的な保全措置（「**暫定保全措置**」）については、終局的な判断ではないことから、現行の仲裁法の解釈上、日本において承認・執行されない。したがって、日本において暫定保全措置の実現を求める当事者は、保全対象の所在地が日本国内にある場合には、日本の裁判所において保全命令の申立てを行うほかないことになる。

　しかし、仲裁合意によって裁判外の紛争解決手続である仲裁を当事者が選択したにもかかわらず、暫定保全措置については必ず裁判所の判断を求めなければならないというのでは、紛争解決手続として仲裁を選択した当事者の意思に反することにもなる。仲裁手続による紛争解決の実効性を高めるととともに、当事者の利便性を向上させるためにも、仲裁廷による暫定保全措置に執行力を付与する必要性が高いと考えられる。実際に、日本の仲裁法が準拠している1985年の仲裁モデル法は、その後、2006年の改訂で、仲裁廷の暫定保全措置に関する詳細な規定を定めるとともに、その承認・執行を認める規定を設けた。

　日本においても、2006年改訂モデル法の内容に沿って、日本を仲裁地とする仲裁廷による暫定保全措置の命令に関する詳細な規律と、仲裁地のいかんにかかわらず仲裁廷による暫定保全措置に執行力を認めるための規律を整備するための法改正作業が行われている。

具体的な法改正作業の方向性・内容は、次のとおりである（法制審議会第 192 回会議配付資料「仲裁法の改正に関する要綱案」を参照）。

　第 1 に、仲裁廷による暫定保全措置の類型に関する規律である。仲裁廷は、当事者間に別段の合意がない限り、その一方の申立てにより、仲裁判断があるまでの間、他方の当事者に対し、次の①から⑤に掲げる措置を講ずることの命令（**暫定保全措置命令**）を下すことができる。

①金銭の支払を目的とする債権について、強制執行をすることができなくなるおそれがあるとき、または強制執行をするのに著しい困難を生ずるおそれがあるときに、当該金銭の支払をするために必要な財産の処分その他の変更を禁止すること

②財産上の給付（金銭の支払を除く）を求める権利について、当該権利を実行することができなくなるおそれがあるとき、または当該権利を実行するのに著しい困難を生ずるおそれがあるときに、当該給付の目的である財産の処分その他の変更を禁止すること

③紛争の対象となる物または権利関係について、申立てをした当事者に生ずる著しい損害又は急迫の危険を避けるため、当該損害もしくは当該危険の発生を防止し、もしくはその防止に必要な措置をとり、または変更が生じた当該物もしくは権利関係について変更前の原状の回復をすること

④仲裁手続における審理を妨げる行為を禁止すること（③に掲げるものを除く）

⑤仲裁手続の審理のために必要な証拠について、その廃棄、消去または改変その他の行為を禁止すること

　第 2 に、暫定保全措置命令の執行に関する規律である。暫定保全措置命令（仲裁地が日本国内にあるかどうかを問わない）の申立てを

した者は、当該暫定保全措置命令を受けた者を被申立人として、裁判所に対し、③の予防・回復型の措置命令については当該命令の執行を許す旨の決定（執行認可決定）を求めることができ、執行認可決定が下されれば、当該命令に基づく民事執行をすることができる。③以外の①・②・④・⑤の禁止型の措置命令については、当該命令に違反しまたは違反するおそれがあるときに、「**違反金支払命令**」を発することを許す旨の決定を求める申立てをすることになる。その上で、裁判所から、暫定保全措置命令の違反によって害されることとなる利益の内容および性質ならびにこれが害される態様及び程度を勘案して相当と認める一定の額の金銭の支払を命ずる「違反金支払命令」を得て、当該違反金支払命令を債務名義として民事執行をすることになる。この違反金支払命令は、違反金支払命令を発することを許す旨の決定と同時に発令することもできる。

　第3に、執行拒否事由に関する規律である。執行等認可決定を求める申立てがあった場合において、裁判所は、仲裁判断の執行拒否事由（☞**第Ⅷ章5.(4)**）と同様の事由があるときに限り、当該申立てを却下することができる。具体的には、ⓐ仲裁合意が、当事者の行為能力の制限により、その効力を有しないこと、ⓑ仲裁合意が、当事者が合意により仲裁合意に適用すべきものとして指定した法令（当該指定がないときは、仲裁地が属する国の法令）によれば、当事者の行為能力の制限以外の事由により、その効力を有しないこと、ⓒ当事者が、仲裁人の選任手続または仲裁手続（暫定保全措置命令に関する部分に限る。ⓓおよびⓕにおいて同じ）において、仲裁地が属する国の法令の規定（その法令の公の秩序に関しない規定に関する事項について当事者間に合意があるときは、当該合意）により必要とされる通知を受けなかったこと、ⓓ当事者が、仲裁手続において防禦

することが不可能であったこと、ⓔ暫定保全措置命令が、仲裁合意
もしくは暫定保全措置命令に関する別段の合意または暫定保全措置
命令の申立ての範囲を超える事項について発せられたものであるこ
と、ⓕ仲裁廷の構成または仲裁手続が、仲裁地が属する国の法令の
規定（その法令の公の秩序に関しない規定に関する事項について当事者
間に合意があるときは、当該合意）に違反するものであったこと、ⓖ
仲裁廷が暫定保全措置命令の申立てをした者に対して相当な担保を
提供すべきことを命じた場合において、その者が当該命令に違反し、
相当の担保を提供していないこと、ⓗ暫定保全措置命令が、仲裁廷
又は仲裁地の裁判機関により、取り消され、変更され、またはその
効力を停止されたこと、ⓘ仲裁手続における申立てが、日本の法令
によれば、仲裁合意の対象とすることができない紛争に関するもの
であること、ⓙ暫定保全措置命令の内容が、日本における公の秩序
または善良の風俗に反すること、である。

　設例Ⅸ-3 では、仲裁廷による訴訟禁止命令が、前述の①から⑤
までの暫定保全措置のいずれの類型に該当するかが問題となる。仲
裁合意によって、当事者は、訴訟ではなく仲裁によって紛争解決す
ることに合意しているわけであるから、別段の事情がある場合を除
き、訴訟を提起すること自体が「仲裁手続における審理を妨げる行
為」に該当し得ると解することもできよう。このように解する場合
には、仲裁廷が訴訟禁止命令を下すことができると考えられる。

　設例Ⅸ-4 の①では、「緊急仲裁人」による暫定保全措置命令が日
本で執行できるかが問題となっている。この点については、緊急仲
裁人は「仲裁廷」に該当しないことや、緊急仲裁人による暫定保全
措置命令は仲裁廷が構成されるまでの間の真に暫定的な性格を有す
るものであることなどから、執行の対象となる仲裁廷による暫定保

全措置に該当しないと解されよう。**設例Ⅸ-4** の②では、仲裁廷の下した不動産の処分の禁止命令と当該命令に違反した場合の違反金支払命令が日本で執行できるかが問題となる。不動産処分禁止命令は、前述の①の暫定保全措置に該当することから、F社としては、日本の裁判所に、違反金支払命令を発することを許す旨の決定を求める申立てを行った上で、違反金支払命令を得て、民事執行を行うことになる。違反金の額については日本の裁判所が判断するのであって、仲裁廷が命じた違反金の額がそのまま認められるわけではない。

参考文献

1. 教科書等 (著編者五十音順)

石黒一憲『国際民事訴訟法』(新世社、1996 年)

奥田安弘『国際財産法』(明石書店、2019 年)

奥田安弘『国際家族法〔第 2 版〕』(明石書店、2020 年)

神前禎＝早川吉尚＝元永和彦『国際私法〔第 4 版〕』(有斐閣、2019 年)

木棚照一編著『国際私法』(成文堂、2016 年)

木棚照一＝松岡博＝渡辺惺之『国際私法概論〔第 5 版〕』(有斐閣、2007 年)

小林秀之＝村上正子『新版国際民事訴訟法』(弘文堂、2020 年)

櫻田嘉章『国際私法〔第 7 版〕』(有斐閣、2020 年)

澤木敬郎＝青山善充『国際民事訴訟法の理論』(有斐閣、1987 年)

澤木敬郎＝道垣内正人『国際私法入門〔第 8 版〕』(有斐閣、2018 年)

高桑昭『国際民事訴訟法・国際私法論集』(東信堂、2011 年)

高桑昭＝道垣内正人編『新・裁判実務体系 3 国際民事訴訟法 (財産法関係)』(青林書院、2002 年)

中西康＝北澤安紀＝横溝大＝林貴美『国際私法〔第 2 版〕』(有斐閣、2018 年)

野村美明＝高杉直＝長田真里編著『新・ケースで学ぶ国際私法』(法律文化社、2020 年)

古田啓昌『国際民事訴訟法入門』(日本評論社、2012 年)

本間靖規＝中野俊一郎＝酒井一『国際民事手続法〔第 2 版〕』(有斐閣、2012 年)

松岡博〔高杉直補訂〕『国際関係私法講義〔改題補訂版〕』(法律文化社、2015 年)

松岡博編『国際関係私法入門〔第 4 版補訂〕』(有斐閣、2021 年)

横山潤『国際私法』(三省堂、2012 年)

2. 判例集

道垣内正人＝中西康編『国際私法判例百選〔第 3 版〕』(有斐閣、2021 年)

3. 演習書（著編者五十音順）

櫻田嘉章＝佐野寛＝神前禎編著『演習国際私法 CASE30』（有斐閣、2016 年）
野村美明＝高杉直＝久保田隆『ケーススタディー国際関係私法』（有斐閣、2015 年）

4. 立法等解説書（刊行年順）

飛澤知行編著『逐条解説　対外国民事裁判権法』（商事法務、2009 年）
佐藤達文＝小林康彦編著『一問一答　平成 23 年民事訴訟法等改正』（商事法務、2012 年）
金子修編集代表『一問一答　国際的な子の連れ去りへの制度的対応』（商事法務、2015 年）
内野宗揮編著『一問一答　人事訴訟法・家事事件手続法等改正』（商事法務、2019 年）

5. 各章参考文献（著編者五十音順）

(1) 第Ⅱ章

（ア）第 1 節〜第 2 節

①小林秀之編集代表『国際裁判管轄の理論と実務』（新日本法規、2017 年）
②中西康「国際裁判管轄——財産事件」新堂幸司監修『実務民事訴訟講座［第 3 期］第 6 巻』（日本評論社、2013 年）305 頁以下
③日本弁護士連合会国際裁判管轄規則の法令化に関する検討会議編『新しい国際裁判管轄法制——実務家の視点から——（別冊 NBL138 号）』（商事法務、2012 年）

（イ）第 3 節〜第 9 節

①池原季雄「国際的裁判管轄権」鈴木忠一＝三ヶ月章監修『新・実務民事訴訟講座 7』（日本評論社、1982 年）3 頁以下
②新堂幸司＝小島武司編『注釈民事訴訟法（1）』（有斐閣、1991 年）86 頁以下［道垣内正人］
③多田望「国際取引事件の国際裁判管轄——契約債務履行地、事業活動地および財産所在地を中心に」日本国際経済法学会編『国際経済法講座Ⅱ——取引・財産・手続』（法律文化社、2012 年）159 頁以下
④中西康「国際裁判管轄——財産事件」新堂幸司監修『実務民事訴訟講座［第 3 期］第 6 巻』（日本評論社、2013 年）305 頁以下
⑤中野俊一郎「義務履行地の国際裁判管轄」国際私法年報 10 号（2008 年）22

頁以下

⑥森下哲朗「新しい国際裁判管轄ルール：営業所所在地・事業活動管轄、債務履行地管轄を中心に」国際私法年報 15 号（2013 年）29 頁以下

（ウ）第 14 節～第 15 節

①安達栄司「国際的訴訟競合」新堂幸司監修『実務民事訴訟講座［第 3 期］第 6 巻』（日本評論社、2013 年）385 頁以下

②嶋拓哉「わが国は『外国の登記・登録に関する訴訟』に裁判権を行使してはいけないのか？」北大法学論集 71 巻 5 号（2021 年）1 頁以下

③道垣内正人「国際訴訟競合」高桑昭＝道垣内正人編『新・裁判実務大系 3 国際民事訴訟法（財産法関係）』（青林書院、2002 年）145 頁以下

④中西康「新しい国際裁判管轄規定に対する総論的評価」国際私法年報 15 号（2013 年）2 頁以下

⑤中西康「国際裁判管轄——財産事件」新堂幸司監修『実務民事訴訟講座［第 3 期］第 6 巻（日本評論社、2013 年）305 頁以下

⑥原強「国際裁判管轄における特別の事情による訴え却下」民事訴訟雑誌 63 号（2017 年）1 頁以下

⑦横溝大「国際専属管轄」名古屋大学法政論集 245 号（2012 年）123 頁以下

（2）第Ⅲ章（第 1 節）

①池田綾子編著『詳解 国際家事事件の裁判管轄』（日本加除出版、2019 年）

②竹下啓介「新しい人事訴訟事件の国際裁判管轄規定」論究ジュリスト 27 号（2018 年）31 頁以下

（3）第Ⅳ章

①水島朋則『主権免除の国際法』（名古屋大学出版会、2012 年）

②横溝大「内国における外国国家財産への執行」高桑昭＝道垣内正人編『新・裁判実務大系 3 国際民事訴訟法（財産法関係)』（青林書院、2002 年）393 頁以下

（4）第Ⅴ章

①青山善充「外国人の当事者能力および訴訟能力」澤木敬郎＝青山善充編『国際民事訴訟法の理論』（有斐閣、1987 年）201 頁以下

②高桑昭「当事者能力」、山本克己「訴訟能力」、同「当事者適格」高桑昭＝道垣内正人編『新・裁判実務大系 3 国際民事訴訟法（財産法関係)』（青林書院、

参考文献

2002 年）163 頁以下

(5) 第Ⅵ章
①池田綾子「域外的な送達・証拠収集の実務に関する現代的考察」国際法外交雑誌 118 巻 3 号（2019 年）358 頁以下
②最高裁判所事務総局民事局監修『民事事件に関する国際司法共助手続マニュアル』（法曹会、1999 年）
③最高裁判所事務総局民事局監修『国際民事事件手続ハンドブック』（法曹会、2013 年）
④竹下啓介「域外証拠収集に関する現代的考察——ビデオリンクの利用と国家管轄権——」国際法外交雑誌 118 巻 1 号（2019 年）25 頁以下
⑤多田望『国際民事証拠共助法の研究』（大阪大学出版会、2000 年）
⑥多田望「民事訴訟における域外送達に関する現代的考察」国際法外交雑誌 120 巻 3 号（2021 年）421 頁以下

(6) 第Ⅶ章
①兼子一ほか『条解民事訴訟法〔第 2 版〕』（弘文堂、2011 年）619 頁以下［竹下守夫］
②河野俊行＝多田望＝申美穂「外国判決の承認及び執行」河野俊行編『知的財産権と渉外民事訴訟』（弘文堂、2010 年）331 頁以下
③長田真里「我が国における外国判決の承認執行」日本国際経済法学会編『国際経済法講座Ⅱ——取引・財産・手続』（法律文化社、2012 年）213 頁以下
④中野俊一郎「外国判決の執行」新堂幸司監修『実務民事訴訟講座〔第 3 期〕第 6 巻』（日本評論社、2013 年）441 頁以下
⑤芳賀雅顯『外国判決の承認』（慶應義塾大学出版会、2018 年）
⑥増田晋編著『環太平洋諸国（日・韓・中・米・豪）における外国判決の承認・執行の現状（別冊 NBL145 号）』（商事法務、2014 年）

(7) 第Ⅷ章
①近藤昌昭ほか『仲裁法コンメンタール』（商事法務、2003 年）
②関戸麦『わかりやすい国際仲裁の実務（別冊 NBL167 号）』（商事法務、2019 年）
③谷口安平＝鈴木五十三編著『国際商事仲裁の法と実務』（丸善雄松堂、2016 年）

④中村達也『仲裁法の論点』（成文堂、2017 年）

⑤三木浩一＝山本和彦編『新仲裁法の理論と実務』（有斐閣、2006 年）

(8) 第Ⅸ章

①道垣内正人「保全訴訟の国際裁判管轄」高桑昭＝道垣内正人編『新・裁判実
　務大系 3 国際民事訴訟法（財産法関係)』（青林書院、2002 年）399 頁以下

②中野俊一郎「外国保全命令の効力」高桑昭＝道垣内正人編『新・裁判実務大
　系 3 国際民事訴訟法（財産法関係)』（青林書院、2002 年）414 頁以下

③中野俊一郎「国際民事保全法の現状と課題」国際法学会編『日本と国際法の
　100 年・第 9 巻・紛争の解決』（三省堂、2001 年）54 頁以下

④長谷部由起子「保全の必要と被保全権利の存在」高桑昭＝道垣内正人編
　『新・裁判実務大系 3 国際民事訴訟法（財産法関係)』（青林書院、2002 年）
　406 頁以下

⑤的場朝子「保全命令の国際裁判管轄に関する一考察」国際私法年報 10 号
　（2008 年）98 頁以下

事項索引

271

判例索引

地方裁判所

家庭裁判所

欧州司法裁判所

執筆者紹介（執筆順，＊は編者）

＊嶋 拓哉（しまたくや）　　　　北海道大学大学院法学研究科教授

　　　　　　　　　　　　　　　　　Ⅰ、Ⅳ、Ⅴ担当

＊高杉 直（たかすぎなおし）　　　同志社大学法学部教授

　　　　　　　　　　　　　　　　　Ⅱ1・2、Ⅷ、Ⅸ担当

　種村 佑介（たねむらゆうすけ）　早稲田大学法学部准教授

　　　　　　　　　　　　　　　　　Ⅱ3〜9担当

　長田 真里（ながたまり）　　　　大阪大学大学院法学研究科教授

　　　　　　　　　　　　　　　　　Ⅱ10〜13担当

　竹下 啓介（たけしたけいすけ）　一橋大学大学院法学研究科教授

　　　　　　　　　　　　　　　　　Ⅱ14・15、Ⅲ1担当

　織田 有基子（おだゆきこ）　　　日本大学大学院法務研究科教授

　　　　　　　　　　　　　　　　　Ⅲ2〜5担当

　多田 望（ただのぞみ）　　　　　西南学院大学法学部教授

　　　　　　　　　　　　　　　　　Ⅵ、Ⅶ担当

国際民事手続法

2022 年 2 月 20 日　第 1 版第 1 刷発行

編者　嶋　　拓　哉
　　　高　杉　　直

発行者　井　村　寿　人

発行所　株式会社　勁　草　書　房
112-0005 東京都文京区水道2-1-1　振替　00150-2-175253
（編集）電話 03-3815-5277／FAX 03-3814-6968
（営業）電話 03-3814-6861／FAX 03-3814-6854
本文組版 プログレス・堀内印刷・中永製本

小型でパワフル名著ダットサン！
通説の到達した最高水準を簡明に解説する。

ダットサン民法 ●●●●●●●●●●●●●●●●●●●●●●●●●●●●

我妻榮・有泉亨・川井健・鎌田薫
民 法 1 　総則・物権法　第4版　　　　　四六判　2,420円

我妻榮・有泉亨・遠藤浩・川井健・野村豊弘
民 法 3 　親族法・相続法　第4版　　　　　四六判　2,420円

姉妹書 ●●●●●●●●●●●●●●●●●●●●●●●●●●●●●●●●

遠藤浩・川井健・民法判例研究同人会編
民法基本判例集 　第四版　　　　　　　四六判　2,750円

現代によみがえる名講義

我妻榮著　遠藤浩・川井健補訂
民法案内 1 　　私法の道しるべ　第二版　　四六判　1,980円

はじめて学ぶ人に読んでもらいたい民法の各所案内の地図

我妻榮　良永和隆著　遠藤浩補訂
民　　法 　第10版　　　　　　　　　　B6判　2,530円

五十嵐比較法学の集大成

五十嵐清著　鈴木賢・曽野裕夫補訂
比較法ハンドブック 　第3版　　　　　四六判　3,520円

●●●●●●●●●●●●●●●●●●●●●●●●●●●●●●●●●●●●

20か国語で翻訳出版されている世界的ベストセラー

E.A. ファーンズワース著　S. シェパード編
笠井修・髙山佳奈子訳
アメリカ法への招待 　　　　　　　　　A5判　2,750円

勁草書房刊

＊表示価格は2022年2月現在、消費税10％が含まれております。